AF497787

Ana María González Calle

Un camino hacia la calma

Se puede **salir del hueco**
y **no volverse a caer**

Un camino hacia la calma
Se puede salir del hueco y no volverse a caer.

Ana María González Calle

Editor
Édver Augusto Delgado Verano

Corrección de estilo
Juan David Villa

Apoyo editorial
Mary Patricia Celine
Jorge Eliécer Martínez Miranda
Alina María Ángel Torres

Diagramación
Clara Serna / Central Studio

© ANA MARÍA GONZÁLEZ CALLE

© Editorial Libros para Pensar S. A. S. / Medellín, Antioquia (Colombia), 2024

+57 315 837 05 84

liderlibros@gmail.com – www.librosparapensar.com

Primera edición
ISBN: 978-628-01-5023-9

Impreso en Colombia / *Printed in Colombia*
Queda hecho el depósito legal

Medellín, Colombia

ÍNDICE

Prólogo

Sumergirse en la complejidad de la mente humana es sin duda un desafío abrumador; sin embargo, Ana María González se mueve con maestría en este ámbito, y lo hace con una naturalidad impresionante, como una valiente exploradora que navega las mentes de sus pacientes ofreciendo el apoyo vital para surcar los turbulentos mares de sus enfermedades mentales.

Ella fusiona experiencia, conocimiento y empatía para comprender el dolor ajeno, y desafía con determinación a la ansiedad, a la depresión y a las diversas enfermedades mentales que limitan, invalidan y paralizan cada vez a más personas en el mundo.

Lo que hace más valioso este libro es que presenta nuevas posibilidades de sanación mental por medio de un **enfoque moderno, innovador e integral.**

De la mano de la psicología, Ana María acompaña al paciente a hacer consciente su problemática, mientras le muestra caminos como el yoga, el *mindfulness* y diversas terapias ya reconocidas por la ciencia que ayudan a resolver lo que parece insuperable.

Una aproximación multidisciplinaria con el soporte científico, personal y metodológico: eso es lo que aporta esta magnífica obra, cuyo propósito es el mismo de su autora, es decir, contribuir a que más personas encuentren paz, armonía y felicidad en sus vidas, que sepan que hay una esperanza, una salida a sus dificultades de salud mental.

Al igual que un medicamento aumenta un neurotransmisor, este libro despierta un nuevo camino hacia la calma mostrándonos cómo enfrentar el miedo, la ansiedad y la depresión con fortalecimiento mental, autoconocimiento y cambio de actitudes, de pensamientos y de hábitos, para encontrar el bienestar perdurable, el cual es, al fin y al cabo, el bienestar auténtico.

Ana María posee una amplia experiencia profesional. Ella no solo se mantiene en constante formación, sino que comparte saberes con expertos de renombre, siempre buscando nuevos horizontes en la ciencia del bienestar mental. Ella es una mujer incansable, le alcanza la vida para estudiar, compartir conocimiento, investigar, explorar, innovar…, para ser mamá, esposa, hija y amiga, y, además, para acompañar a tantos pacientes a transitar sus turbulencias hasta llegar juntos a buen puerto.

Ana María González nos lleva, con toda su pasión, su sabiduría y sus múltiples casos de éxito, a un viaje transformador, y nos muestra una ventana hacia recursos inexplorados que pueden y, de hecho, transforman realidades.

¡Prepárate para un viaje emocionante hacia la recuperación y el descubrimiento de un potencial que siempre ha estado dentro de ti!

Dr. Rodrigo Isaza Bermúdez

Neurólogo clínico, fundador del servicio de neurología del Hospital Pablo Tobón Uribe (Medellín)

Autor del libro *Más allá del cerebro: el verdadero control*

La información presentada en este texto no reemplaza en ningún caso el acompañamiento de un profesional en salud mental. Busca ayuda profesional para tratar cualquier problema de esta índole que estés experimentando. Este libro tan solo pretende servirte de guía y podrá ser un complemento de ese acompañamiento realizado por un profesional idóneo.

Mi historia

Nací en Medellín en 1980 en una familia amorosa y muy trabajadora. Siempre tuve grandes oportunidades gracias al esfuerzo de mis padres. Estudié en uno de los mejores colegios de Medellín, y pude darme el lujo de vivir en diferentes países, en los que no solo aprendí varios idiomas, sino nuevas formas de vivir y ver la vida. De esos años me vienen la curiosidad y las ganas de entender y conocer la diversidad de culturas, creencias y comportamientos de los seres humanos.

Pero esta historia que quiero contarles comienza mucho antes de esos viajes. Empieza con una niña que creció con todo para ser feliz, ¡o al menos eso me decían y me repetían siempre! Sin embargo, poco a poco fui perdiendo la picardía, la risa contagiosa y la asombrosa curiosidad que eran tan naturales en mí, y me convertí en una niña con mal genio, llena de rabia y llorona. ¿Alguna vez han leído el cuento La tristeza y la furia del escritor y terapeuta argentino Jorge Bucay? Parecía ser que yo había decidido ponerme el vestido de la furia, siempre estaba brava y grosera, como me decían los adultos, sin poder entender, ni ellos ni yo, que lo que me pasaba era que estaba inmensamente triste.

Iba a un colegio de niñas, algunas fueron muy amables y dulces: ellas hacían que mis días tuvieran chispazos de diversión y alegría. Pero no todas eran así.

Como les contaba, todo era perfecto en mi vida, salvo por un detalle: que mi peso estaba por encima del normal, es decir, del esperado socialmente. Y, claro, como tantos niños, tenía compañeras que disfrutaban riéndose, burlándose… Y esto comenzó a opacar mis días, cada vez sonreía menos y lloraba más, y, alrededor de mis 14 años, ya no le encontraba sentido a la vida. No encajaba en ninguna parte, intentaba pasar desapercibida; era demasiado doloroso y pesado para mí tener que enfrentar la vida día a día.

Y ahí empezó mi correría por cuantos psicólogos y psiquiatras había en la ciudad; me hicieron pruebas neuropsicológicas, me mandaron tratamientos, mis papás tuvieron que contarles lo mismo a decenas de médicos, y, aunque no había avances, ellos jamás se dieron por vencidos. Pensar en su dolor al ver a su niña sufrir y en todo lo que hicieron por mí, hoy llena de gratitud mi alma, y más ahora que soy mamá y ya puedo entender el amor que se siente por un hijo, y el sufrimiento que acompaña los días cuando lo ves triste.

Fue por esa época, en plena adolescencia, cuando el universo manifestó un gran milagro (así lo veo yo) a través de un amigo de mis papás que les habló de un sobrino suyo que era un renombrado psiquiatra en Estados Unidos, quien se dedicaba a la atención de niños y adolescentes y en breve vendría a Colombia. No perdíamos nada con intentarlo…, ¡una vez más!

Jamás tendré palabras suficientes para describir el impacto que este encuentro tuvo en mi vida. Boris Birmaher me vio, reconoció el alma en esa niña y le dio un lugar.

Cuando mis papás iban a empezar a explicarle con detalle mi historia, como habían hecho con todos los anteriores médicos, Boris les dijo:

—Mi paciente es Ana María y voy a hablar con ella; ustedes, por favor, siéntense allá.

Señaló un sofá que estaba lo suficientemente lejos como para que no escucharan nuestra conversación, pero lo suficientemente cerca como para no perdernos de vista. Y terminó diciéndoles:

—Si ella al final me autoriza a hablar con ustedes, nos reunimos.

¡Eso nunca había pasado antes con ningún otro médico! Por primera vez alguien quería escucharme a mí y no a mis padres. Boris me vio, se tomó el tiempo de escucharme, de conocerme; más allá de querer leer los síntomas para encajarme en un diagnóstico, me dio un lugar y me dijo que podía contar con él, y siempre estuvo disponible para mí: no importaba si eran las 3:00 de la madrugada en Estados Unidos, él me contestaba el teléfono.

Este encuentro marcó un antes y un después en mi vida, porque Boris me ayudó a poner en palabras lo que me pasaba, me ayudó a entender mi oscuridad, y ese fue sin duda el comienzo de mi larga recuperación.

Desde el comienzo de mi ejercicio profesional, esta forma de abordar a los pacientes ha caracterizado mi relación con ellos: los veo más allá de los síntomas y comportamientos, los escucho, cuido mi vínculo terapéutico, converso mucho con ellos y les ayudo a entender y a ponerles palabras a sus emociones para darles un espacio dentro de su cuerpo y que no sientan la necesidad de escapar de sí mismos. A pesar del agobio de las sensaciones físicas, como la opresión en el pecho, la respiración rápida, sentir el corazón como si fuera un caballo salvaje desbocado, el hueco en el estómago, las náuseas y cólicos que se traducen en diarrea o constipación, etc., poco a poco se van sintiendo más seguros y van dejando la necesidad de recurrir a vías de escape como dormir, adicciones a videojuegos, a celulares, a pantallas en general, a la pornografía, a la comida o consumir sustancias psicoactivas.

Pero, como les dije antes, mi recuperación vendría mucho después. Durante los 10 años siguientes continué engordando, saboteando mi vida, sintiendo que no era suficientemente buena para merecer ser amada y aceptada en el mundo; dormía todo el tiempo, me aislé, luché con pensamientos de muerte, intentos de suicidio y la desesperanza absoluta de que mi vida no podría mejorar.

Llegó un punto en que mis papás tenían miedo de buscar más ayuda, pues no querían que yo quedara marcada y se me cerraran puertas a futuro; la salud mental siempre ha estado rodeada de mucho tabú, ¡imagínense hace 25 años! Ellos ya no sabían qué hacer conmigo, y yo tampoco.

Entonces, sin estar convencida y por puro reflejo de seguir ese guion social de nacer, crecer, estudiar, comprar carro, casa, tener mascotas, hijos y morir…, empecé a estudiar Negocios Internacionales, y, cuando iba terminando el tercer semestre, decidí salirme.

—No quiero estudiar nada, a mí no me gusta estudiar —les dije a mis papás.

—No estudies nada si no quieres —me dijo mi papá, y, en su inmensa sabiduría, añadió—. Pero yo no sostengo vagos, así que, si no vas a estudiar, te tienes que venir a trabajar conmigo.

Y así fue, obligada por mi padre, empecé a trabajar, pero tampoco fue esa la solución. Los días eran todos iguales: lloraba y trabajaba, trabajaba y llegaba a casa a encerrarme a llorar…, y un día, cansada, agotada de vivir así, ya sintiendo que estaba tocando fondo, empecé a conversar con Dios, bueno, diría mejor, a pelearme con Dios; aunque crecí en un colegio católico, nunca fui practicante ni iba a la iglesia, pero sí tenía algún tipo de creencia, infundida sobre todo por mi abuela Mireya, el ser humano junto con mis papás que más amor supo darme; ella nunca dudó de mis capacidades para salir adelante, ella es lo más cercano al amor incondicional que he conocido.

—Me niego a creer que me mandaste a la vida solo a sufrir —le dije a Dios llena de rabia—. Así que te propongo un trato: voy a estudiar Psicología, voy a ser muy buena estudiante, voy a ser muy responsable y jamás dejaré de estudiar. Y si logro que un solo ser humano no sufra todo lo que he sufrido yo, que viva diferente y vuelva a sonreír, entenderé para qué viví todo lo que he vivido, y mi dolor habrá valido la pena.

Con la decisión ya tomada en ese pacto con Dios, lo primero fue comunicárselo a mis papás, y se les cayó el mundo encima.

—¿Cómo que vas a volver a estudiar?, siempre nos has dicho que odias estudiar, y además Psicología.

¡Ah, no! —dijo mi padre—, yo ya boté la plata que iba a botar en tu educación, yo no pago esa carrera, no cuentes conmigo para eso.

Pero yo había hecho un pacto con Dios; cuando hay un deseo en el corazón, uno siempre encuentra la manera, y le dije a mi papá que yo pensaba estudiar y seguir trabajando con él, y que yo misma me pagaría mi carrera. Él aceptó escéptico, y así hice, pagué los dos primeros semestres y, al finalizar el segundo, me dijo:

—Yo sigo pensando que la obligación de los padres es darles educación a los hijos. Vamos a hacer algo: tú pagas tu semestre y, al finalizarlo, me muestras las notas: si no perdiste ninguna materia, yo te devuelvo la plata. Pero si pierdes una sola materia, la plata que botaste fue tuya.

Y así fue, aunque mi mamá intentaba que me pagara la universidad sin tener que trabajar, pero rapidito él la despachaba diciéndole: "Déjame, que estoy educando una hija". Y así nos fuimos hasta sexto semestre, cuando la carrera ya me demandaba más tiempo y no me daba para trabajar, estudiar y hacer las prácticas, así que le dije:

—Renuncio, me voy a dedicar solo a estudiar.

—El trato no ha cambiado, yo pago el semestre al final cuando vea que no perdiste nada —me dijo mi papá.

—Tranquilo…, tengo la plata ahorrada para el resto de los semestres.

Cuando me gradué, mis papás y mi hermana me enviaron un ramo de flores con una tarjeta muy linda firmada por los tres; mi papá me hizo una carta donde me pedía perdón por ponérmela tan difícil, y me dijo que jamás hubiera creído que yo me iba a graduar.

Terminé mi carrera siendo la segunda de mi promoción. Amo lo que hago, desarrollé un amor indescriptible por el estudio, lo que me confirma que no hay malos estudiantes, sino maestros que no saben enamorar y no dan el tiempo necesario para que estos estudiantes los sorprendan. Tuve entre mis profesoras una psicóloga excepcional, en mi opinión quizás la mejor psicóloga que tiene Colombia: Mariantonia Lemos, una profesional juiciosa, responsable, exigente, amorosa, rigurosa, ética, que supo enamorarme de mi carrera, creyó en mí y me ayudó a ver el potencial que estaba escondido; una gran amiga a quien atesoro en el corazón y quien, como ya se lo he dicho muchas veces, jamás comprenderá la manera como moldeó mi quehacer y aproximación a la psicología.

Desde que empecé a ejercer mi profesión decidí hacer del apoyo a mis pacientes y sus familias el propósito de mi alma, y así fue como, en la medida en que comencé a ayudar a sanar a otros, me fui sanando yo misma.

Hoy puedo decir con orgullo que no trabajo un solo día; disfruto cada minuto, siempre estoy disponible para mis pacientes, porque sé lo que sienten, porque me conozco por igual la teoría, la práctica y la vivencia. Sé del desconsuelo que se siente cuando en medio de la noche te despiertas una vez más llorando, sin una causa aparente, sabiendo que lo tienes todo para ser feliz y, sin embargo, tú no logras encontrar calma; por el contrario, cada día que pasa te sientes completamente desesperanzado.

Hasta hoy he acompañado a más de 600 pacientes, a quienes escucho, les doy su tiempo para vincularse, para desarrollar confianza y que así se puedan sentir seguros para ser vulnerables y expresar sus pensamientos y experiencias sin temor a ser juzgados. Me enfoco en ayudarles a quitarse la culpa y la vergüenza para que comprendan que merecen ser amados. Amo trabajar depresión, ansiedad y estrés postraumático, y **mi propósito es acompañar a cada uno a encontrar la manera de construir una vida que merezca ser vivida.**

Desde el día en que me gradué no he dejado de estudiar. Llevo 14 años de estudios complementarios, hago terapia cognitiva conductual, estoy certificada en terapia dialéctica comportamental y en *coaching* deportivo para el alto desempeño. Tengo entrenamiento en prevención de suicidio, en terapia COPE (tratamiento conjunto para exposición prolongada y abuso de sustancias), en *mindfulness* y en terapia de exposición prolongada.

Hoy miro hacia atrás y honro mi historia. Tengo infinita gratitud con todo lo que viví, con mis papás, que jamás se dieron por vencidos, con mi hermana, que vivió a mi sombra durante tantos años de sufrimiento, tratando de pasar desapercibida y a la vez sobresaliendo en todo, sobrexigiéndose para hacer que la vida de mis papás fuera menos agobiante y dolorosa. Nadie se imagina lo que vive una familia cuando uno de sus miembros se enfrenta a una enfermedad mental. El hecho de que esté donde estoy hoy es un triunfo de ellos, que me apoyaron ilimitadamente hasta que pude encontrar mi luz y brillar a mi manera.

Creo firmemente que venimos a la vida a servir al otro, y en ese servicio encontramos la hermosa posibilidad de compartir nuestros dones, talentos y nuestra luz. Al brillar fuerte, contribuimos a que el otro también pueda brillar. Ningún ser humano existe en vano, ninguna vida es un error.

No importa qué tan profundo sea el hueco en el que te encuentres, existe una razón para continuar, hay esperanza y puedes recobrar la calma. Si yo lo pude hacer, ¡tú también lo lograrás! No soy un ser humano extraordinario, soy como todos, he atravesado grandes momentos de oscuridad y hoy, desde el otro lado, te digo que vale la pena, y que el sufrimiento es temporal.

**No te rindas, no te des por vencido,
cree en ti y permítete potenciar tu
sanación activando tu farmacia interior.**

Aquí tienes las herramientas que me sirvieron a mí y han servido a muchas personas. Es el mejor regalo que puedo darte para contribuir a tu sanación y continuar con el propósito de mi alma.

Un camino hacia la calma

Quiero ayudarte a comprender que **no** existe la verdad absoluta, todos poseemos un pedacito de ella; por lo tanto, respetando tu verdad, este libro no pretende regalarte la fórmula mágica para ser feliz, sino devolverte la posibilidad de confiar en ti y motivarte a encontrar tu realidad, la manera de estar en el mundo, y, a través de eso, construir tu forma de ser feliz, siempre volviendo la mirada hacia tu interior.

Es de gran importancia reconocer el acompañamiento profesional por psiquiatría y psicología como la acción idónea indispensable en estos casos.

Busco ayudar a desmitificar la salud mental y acercar las posibilidades basadas en evidencia, mostrando que hay cosas que se pueden hacer y están al alcance de todos.

Este libro es, sobre todo, una deuda que siento tenemos los profesionales de la salud mental con nuestros pacientes y sus familias. Está enfocado en la importancia de cómo ayudar a desmitificar la salud mental y cómo a través de la aceptación podemos promover estrategias de cambio desde lo cognitivo y lo conductual para impactar positivamente en la vida personal y familiar de tantas personas que día a día se ven enfrentados con un diagnóstico de depresión, ansiedad, trastornos de personalidad, trastorno bipolar y trastorno de estrés postraumático, entre muchos otros.

Siento inmensa gratitud hacia cada uno de mis pacientes y sus familias, quienes han puesto la confianza en mí y me han dado el honor de acompañarlos a recorrer este camino junto a ellos, mientras recobran las ganas de vivir, la confianza en sí mismos, la calma, la posibilidad de encontrar una manera diferente de estar en el mundo, sanando y perdonando tantas cosas que suceden en el día a día de la vida de cada ser humano; pero, sobre todo, **aceptándose como seres humanos sin juicios,** entendiendo que cada uno hace lo mejor que puede con lo que sabe en cada momento y **eligiendo vivir el presente,** buscando siempre el camino del medio para alejarse de los extremos y con ello alcanzar su máximo potencial.

El título del libro expresa quizás mi mayor anhelo: volver a la calma, la posibilidad de devolverles a todos (pacientes y familiares) la certeza de que, **aun con un diagnóstico de salud mental, se puede ser feliz y alcanzar el éxito** (entendiendo que el éxito es diferente para todos). Estos dos sueños no son hechos que les pasan a otros: todos tenemos derecho a conseguirlos, y más importante aún, es que todos contamos con el potencial dentro de nosotros para atravesar el camino que nos conducirá al éxito;

máxime que nos permitirá redefinir el significado de la felicidad y experimentar el proceso alegres y agradecidos con todo lo que la vida nos da, al entender que vivir no se trata de lo que obtenemos de los otros, sino de lo que podemos darles y aportar al mundo. Venimos al mundo a amar y a ser amados.

Es importante entender que, cuando de salud se trata, **no podemos seguir mirando al ser humano por separado; somos seres holísticos, por lo tanto debemos tener una mirada integrativa y global,** entendiendo que el cuerpo y la mente están interrelacionados y que la ciencia debe volver a ver a las personas como seres únicos e integrados.

Todos quisiéramos siempre estar bien, pero es necesario comprender que el cerebro es un órgano como cualquier otro del cuerpo, y que se enferma por diferentes razones: genéticas, biológicas o ambientales. Si esto sucede, solo tenemos que centrarnos en buscar la ayuda profesional necesaria, sin sentir culpa, vergüenza, o creer que es preciso escondernos para que nadie se entere, por el temor a ser juzgados, estigmatizados o rechazados.

Es suficiente con el malestar que se siente al recibir el diagnóstico de la condición de salud mental, como para tener que adicionarle a todo esto el estigma social (entendiendo por estigma la etiqueta despectiva con la que se hace referencia a un grupo de personas al describirlas con características negativas) por el temor a las consecuencias laborales, sociales y familiares.

Como sociedad debemos preguntarnos qué pasa con nosotros, por qué en el mundo la tasa de suicidio se incrementa, pese a que está comprobado que existen herramientas eficaces y reconocidas de intervención profesional, orientadas a la prevención de él.

Debemos cuestionarnos por qué tanta gente continúa sufriendo en silencio, y nosotros continuamos sin tener el valor de preguntar directamente: ¿cómo te sientes?, ¿has considerado alguna vez quitarte la vida?

Tenemos miedo de hablar y preguntar porque en nuestro imaginario creemos que al hacerlo estaríamos incitando al suicidio, cuando en realidad lo único que sucede es que, si preguntamos, abrimos una ventana emocional para darles palabras a los pensamientos, a los sentimientos, y quizás, permita ver las cosas desde otra perspectiva, identificando las situaciones difíciles o problemáticas como temporales, para abrirle la posibilidad al otro de sentir que no tiene que enfrentar solo sus dificultades, problemas o temores, sino que cuenta con el apoyo de alguien, que incluso está dispuesto a buscar ayuda profesional idónea frente a la necesidad emocional…

Para que deje de considerar el suicidio como una solución permanente a un sufrimiento temporal.

Adicionalmente, debemos tener en cuenta que existen muchas otras personas que no se atreven a pedir ayuda por la intensidad del sufrimiento, y creen que el suicidio es su única alternativa, ya que tienen un alto nivel de desesperanza aprendida[1] y no desean ser intervenidos de ninguna manera, pues creen que no existe nada ni nadie que pueda ayudarles a dejar de sentirse así; por ello prefieren quedarse callados, para evitar ser juzgados. Estas personas deben ser validadas, por lo tanto, abordadas desde una perspectiva que les permita sentirse seguras y contenidas emocionalmente.

Tenemos necesidades emocionales básicas, y la más fuerte de ellas hace referencia a sentir que pertenecemos a un grupo dentro del cual somos aceptados (de ser aceptados y acogidos por un grupo dependía nuestra supervivencia en los tiempos del hombre de las cavernas); no sabemos manejar la incertidumbre y sentimos una enorme necesidad de jugar a tener el control de las diferentes situaciones que nos desbordan en la cotidianidad.

---

1 *La desesperanza aprendida* es un término desarrollado por Martin Seligman (un reconocido psicólogo de Estados Unidos) que hace referencia a la condición de un ser humano o animal que ha aprendido a comportarse de manera pasiva porque no cree contar con las capacidades necesarias para que la situación generadora de malestar sea resuelta satisfactoriamente a su favor. Empieza a creer que ya lo ha intentado todo y nada ni nadie puede ayudarlo.

Es en la familia donde aprendemos a relacionarnos con los otros (nos sentimos aceptados y merecedores de cosas buenas, de ser amados y aprobados), donde nos ayudan a sentir que somos capaces, aprendemos a confiar en nosotros mismos y en las habilidades que tenemos o podemos desarrollar para afrontar y asumir las situaciones que se nos van presentando a través de la vida.

Es por eso que quiero pedirte que, si tienes cerca de ti a una persona o tú mismo has sido diagnosticado con un trastorno de salud mental, no te asustes ni angusties; se puede construir una vida que valga la pena ser vivida, salir adelante, volver a sonreír, ser feliz, y, sobre todo, continuar trabajando para hacer los sueños realidad, puesto que todos tenemos mucho que contribuir a la humanidad, y es importante entender el concepto de cambio frente a este diagnóstico, haciendo que las dificultadas atravesadas sean temporales.

No te limites o limites a esa persona; ella será del tamaño de sus pensamientos y la confianza que tenga en sí misma (y en este momento más que nunca necesitará de tu confianza en ella, para poder volver a creer en sí misma), ya que su autoconfianza se construye junto con la retroalimentación que recibe de ti y de la sociedad. Por eso te pido que creas en ella y se lo hagas saber, ayúdale a lograr sus sueños, a ser feliz, exitosa y a entender que todo es temporal, y que **lo único constante es el cambio,** pues **todos** podemos ser resilientes y sobreponernos a la adversidad, sin importar qué tan grande sea el obstáculo al que nos enfrentamos.

Hay un cuento hermoso que leí en el libro de Alex Rovira y Francesc Miralles titulado *Cuentos para niños y niñas felices,* el cual quisiera transcribirles acá, para que tengan la certeza y confíen en que en los momentos duros de la vida siempre podemos elegir dar lo mejor de nosotros mismos.

El agua hirviendo[2]

Aquel jueves tocaba Química y estaban todos en el laboratorio. De nuevo, Pedro había llegado a clase con cara de pocos amigos. Él era uno de esos niños de mueca torcida, siempre haciendo mala cara y de mal genio, como si llevara un nubarrón sobre la cabeza. Siempre estaba triste o enfadado, y se quejaba de que nada le salía bien.

Eso sorprendía a sus compañeros, porque Pedro sacaba buenas notas, era apreciado por sus amigos y tenía incluso a Bobby, un perro fiel y simpático que lo acompañaba a todas partes.

Para aquella práctica de laboratorio, el profesor les reservó una curiosa lección: puso a hervir agua en tres

---

2 Rovira, A. y Miralles, F. (2020). *Cuentos para niños y niñas felices.* Editorial Planeta (pp. 60-63).

recipientes de vidrio iguales. Cuando el agua alcanzó los 100 grados centígrados, introdujo dos zanahorias en el primer recipiente, tres huevos en el segundo recipiente y dos puñados de granos de café en el tercer recipiente.

Sin mediar palabra, los estudiantes contemplaron como las zanahorias, los huevos y los granos de café se transformaban por la acción de un elemento externo, "el agua hirviendo".

Pasados veinte minutos de cocción, el profesor pidió a sus alumnos que sacaran los alimentos del agua con mucho cuidado y los pusieran en tres recipientes vacíos e iguales. En el primero, pusieron las zanahorias cocidas, de un color naranja brillante.

En el segundo, colocaron los tres huevos. Y en el tercero vertieron el agua resultante de colar los granos de café.

Entonces el maestro preguntó al estudiante malhumorado:

—Pedro, ¿qué ves en estos tres recipientes?

—¡¿Qué voy a ver?!, tan solo hay zanahorias, huevos y café —respondió protestando.

A petición del profesor, los alumnos tocaron los alimentos.

Y así comprobaron que las zanahorias se habían ablandado a pesar de ser duras al inicio. Rompieron los huevos y vieron que, bajo la cáscara, la yema y la clara se habían compactado. Luego olieron el rico café y algunos incluso lo probaron.

—¡¿Y todo esto para qué, profesor?! —protestó Pedro— ¿Ahora hacemos de cocineros en la clase de química?

—Más o menos, contestó el maestro.

—Fijaos bien, todos los alimentos han tenido que luchar contra la misma adversidad: que los hirvieran. Sin embargo, cada uno ha reaccionado de un modo diferente: la zanahoria se ha ablandado, el frágil huevo de corazón líquido se ha endurecido. ¿Y los granos de café? ¡Son especiales!, ¿qué han hecho?

Nadie contestó por miedo a meter la pata.

—Ellos no han cambiado —prosiguió el profesor—, pero sí han transformado a su enemiga, el agua… Pedro, tú que siempre estás de mal genio y haciendo mala cara, ¿con qué alimento te identificas?

—¿Qué quiere decir, profesor? —preguntó Pedro ofendido.

—Quiero saber si te sientes como una zanahoria, que parece dura y acaba siendo débil, o como un huevo, que era suave, frágil, líquido y adaptado a su cáscara, pero con la adversidad se endureció.

Pedro contraatacó:

—Profesor, a veces las cosas se ponen difíciles y nos ablandamos, o una decepción nos hace más duros y pesimistas.

—¡No lo dudo, Pedro! Pero una tercera opción es ser como los granos de café. Modifican el elemento que les produce dolor y los amenaza, el agua; e incluso en el punto de mayor sufrimiento, la ebullición, le dan al agua su mejor sabor y aroma. Cuando la situación se complica, deciden entregar lo mejor de sí mismos y contagian su positividad al entorno, logrando con esto transformar el agua.

—¡Así es la vida, chicos!

Cuando aparezcan las situaciones difíciles o la adversidad, siempre podréis elegir entre ser zanahoria, huevos o granos de café.

—¿Y ustedes qué eligen?

Durante la infancia nos formamos en el ámbito emocional y cognitivo, ahí se establecen bases importantes que pueden condicionar nuestra manera de estar y ser en el mundo.

Es en esa época de la vida en la que se establece la relación con nosotros mismos a través de nuestra relación con el mundo, e indudablemente las cosas que escuchamos en el día a día, formarán la manera en la que pensaremos o actuaremos con respecto a nosotros mismos, lo cual se conoce como *autoconcepto* y *autoestima.*

Estas bases se forman con la retroalimentación del ambiente que nos rodea, de ahí la importancia de cuidar nuestras palabras y aprender a referirnos a las personas de manera descriptiva, sin utilizar juicios positivos ni negativos, siempre describiendo la acción concreta, el comportamiento, y no definiéndolas por una acción temporal y particular. **"Tienes ansiedad, no eres ansioso".**

Frecuentemente, la sociedad nos enseña que nuestras necesidades y deseos no son tan importantes, que debemos pensar primero en los otros y garantizar que ellos estén bien, porque si pensamos en nosotros, significa que somos egoístas, y no hay nada peor que esto. Realmente, no se trata de ser egoístas, sino de fomentar el amor propio, de entender que:

**Yo valgo tanto como los demás y
que no puedo dar algo que no tengo,
y eso no tiene nada que ver con la
manera como me lo pidan o lo que
sienta por esa persona.**

Existen tres conceptos que es importante explicar y definir para poder hacer claridad y énfasis en este tema:[3]

---

3 González Martínez, M. T. (1999). Algo sobre la autoestima. Qué es y cómo se expresa. *Aula,* 11, 217-232. Universidad de Salamanca, Facultad de Educación.

El autoconcepto: Se define como eso que yo pienso de mí mismo. Tiene dos componentes fundamentales:

• **La identidad personal:** Hace referencia a los factores internos, como los rasgos de personalidad, los pensamientos, las ideas, las creencias, la visión acerca de su mundo interno y del mundo externo.

• **La identidad social:** Hace referencia a los factores relacionados con el entorno social de la persona. Pueden ser sus amistades, la familia, los grupos de interés a los que pertenece, sus creencias religiosas, su participación en actividades comunitarias, sus gustos, pasatiempos o cómo prefiere disfrutar su tiempo de ocio, además de su lugar de trabajo o estudio.

La autoconfianza: Se refiere a la confianza que como ser humano poseo en mis habilidades y recursos internos para asumir la vida y afrontar los obstáculos que se me presentan.

La autoestima: Se puede definir como la valoración positiva o negativa que la persona realiza de su autoconcepto; esta valoración va a estar mediada por conceptos de valía personal y aceptación de sí mismo. Se conforma de factores internos y externos y es donde influye la información que recibe del ambiente y de sus propias creencias, ideas o pensamientos impuestos socialmente.

Meditación para
LA AUTOESTIMA

Es importante entender que en cada momento de nuestras vidas todos hacemos lo mejor que podemos con lo que sabemos, y encargarnos de sanar nuestra historia de vida emocional es una responsabilidad con nosotros mismos, y quizás el mayor acto de amor propio.

No se trata de hacer una búsqueda exhaustiva hasta encontrar culpables dentro de lo que hemos vivido: se trata de encontrar y comprender la explicación de algunos pensamientos y comportamientos, para no permitir que continúe siendo una justificación a través de los años ("yo soy así y punto, no puedo cambiar", "acaso no entiendes que 'loro viejo no aprende a hablar'").

Todos tenemos la posibilidad de modificar aquello que queramos cambiar y nos genere inconformidad o un malestar significativo.

Se trata de aprender a modificar algunos errores que cometemos al momento de procesar la información, considerando siempre que no sufrimos por una situación en particular, sino por la interpretación que nuestra mente hace de ella, y sobre todo es importante que entendamos que, cuando hablamos de trauma, no hacemos referencia a lo que te pasa en una determinada situación, sino que nos referimos a lo que nuestra mente y nuestro cuerpo hacen e interpretan a partir de lo que ocurre en esa situación.

La situación no la podemos cambiar, ya pasó, y *el hubiese*, aunque existe en la mente, no sirve para nada y no nos permite avanzar; está en el pasado, y allá debe permanecer, mas siempre tendremos la posibilidad de resignificar nuestra interpretación frente a esa situación y lograr una vida feliz a pesar de esa experiencia difícil.

"Tu pasado déjalo atrás, reconoce e incorpora los aprendizajes necesarios y enfócate en tu presente, que te necesita para construir la vida que deseas para ti".

De aquí la posibilidad de empoderarnos recurriendo al uso de conceptos como la resiliencia.

Es importante comprender que la salida de las situaciones difíciles a las que nos enfrentamos siempre será usar la puerta que nos lleva hacia adentro, darle una mirada a nuestro mundo interior; es en el momento en que decidimos enfocarnos en nuestros propios recursos cuando no seguimos esperando que la realidad cambie, por el contrario, tomamos la decisión de aceptar radicalmente que las cosas son lo que son, y que lo que vivimos es una parte esencial y necesaria de nuestro aprendizaje indispensable para continuar creciendo en el ámbito personal.

Todos estamos dotados de los recursos necesarios para convertirnos en nuestro propio héroe, pidiendo ayuda y guía si es necesario, pero siempre recaerá sobre nosotros la responsabilidad de implementar las acciones.

Nuestro mundo interno muchas veces no es amable ni gentil, y es al pasar a través del filtro de nuestra voz interna que se genera el sufrimiento, siempre en forma de creencias centrales, ideas irracionales, esquemas mal adaptativos tempranos y distorsiones cognitivas.

El modelo diátesis[4] + estrés que explica el desarrollo de la enfermedad mental nos habla de una vulnerabilidad genética que se expresa cuando es sometida a una situación estresante, mediada por factores ambientales que dan lugar a la aparición de síntomas emocionales. Es quizás aquí donde está lo más bonito y esperanzador de todo:

La epigenética (uno de los grandes avances de la investigación en el área de las ciencias médicas), que nos habla de cómo podemos intervenir para evitar o minimizar la intensidad y duración de la expresión de una vulnerabilidad genética.

Hay muchas cosas que podemos hacer para ayudar a las personas a restablecer su salud mental; siempre se podrá trabajar en la activación conductual, la implementación de una alimentación consciente y saludable, que no tiene por qué saber mal o ser aburrida; la adquisición de hábitos de ejercicio físico, no como un culto al cuerpo y a la belleza para encajar dentro de los estándares sociales, sino como una herramienta más que potencia nuestro bienestar integral como seres humanos, y el entrenamiento en habilidades como *mindfulness* (consciencia plena) que nos ayuden a vivir en el instante presente con gratitud por todas las experiencias vividas, entendiendo que…

---

4 Diátesis: Hace referencia a una condición del organismo que lo hace vulnerable y lo predispone a contraer una determinada enfermedad.

Somos el resultado de todas nuestras experiencias, y cada una de ellas nos moldea y ayuda a crecer y a seguir progresando, si así lo decidimos.

Cuando nos enfrentamos a un paciente con un diagnóstico de salud mental, la mayor posibilidad de generar un impacto positivo en su día a día y en la prevención de recaídas está asociada a intervenir los contextos familiares.

Debemos propiciar ambientes donde se promuevan la escucha activa y reflexiva; la comunicación fluida, efectiva y asertiva; el respeto por las diferencias, el aprendizaje de habilidades de regulación emocional; la incorporación de herramientas que permitan la tolerancia al malestar emocional, y donde además se enseñen las habilidades sociales orientadas a promover y proteger las relaciones interpersonales positivas y protectoras.

También es importante que allí se enseñen estrategias para potenciar la efectividad interpersonal al poder relacionarse con los otros desde el respeto, la empatía, la comprensión y la flexibilidad para aceptar diferentes perspectivas; asimismo, que se permita y aliente la incorporación a nuestra vida diaria del uso de estrategias de *mindfulness*, para estar presentes en el momento actual y entender que…

Es en el ahora donde puedo ser feliz.

Es indispensable acompañar, guiar y mostrarle a esa persona que realmente nos importa, y a la vez, incluirla en nuestra vida diaria. Enseñarle la importancia de buscar la mente sabia y de elegir el camino del medio, para aproximarse a la vida con mente de principiante, con curiosidad y gratitud que le ayuden a apreciar la belleza oculta de las cosas, como lo hacemos cuando vemos algo por primera vez, sin juicios ni expectativas, y enfocados en el ahora…

**Entendiendo por *ahora* una fracción
de tiempo delimitada: una hora a
la vez, una tarde a la vez, un día a la vez.**

Para construir una vida con sueños, ilusiones y planes, pero enfocados en los pasos concretos que debemos y podemos realizar en este momento, para pasar a la acción, pues, como bien dicen:

**"Un sueño sin acción permanece
siendo tan solo una ilusión".**

Como familia o amigo te preguntarás: ¿qué hacer con la persona que tanto quiero (o quizás seas tú mismo), quien se aísla, no quiere que nadie la ayude y está pasando por una situación compleja de depresión o ansiedad, y experimenta altos niveles de angustia?

Lo primero es entender que no es que no quiera que alguien la ayude, es que quizás no sabe cómo aceptar o pedir ayuda; quizás no quiere ser una carga o un problema para ti, o tiene temor a ser juzgado. Te quiere y te necesita más que nunca, no te pongas a la defensiva y trata de estar ahí, aunque sea en medio del silencio. No te des por vencido, porque si ella encuentra un ambiente donde no se sienta juzgada, llegará el momento en el que acepte hablar y te cuente qué le pasa y qué necesita de ti.

Lo que más desea y puede ayudarla es tu compasión, no tu lástima; requiere ser vista, validada, comprendida.

Necesita ser reconocida como alguien a quien la vida puso en una situación difícil, que no es culpable y que puede recibir ayuda.

Alguna vez escuché una frase preciosa con respecto a las personas; quiero darle crédito al autor, pero no recuerdo su nombre:

"Si le pides algo a alguien y te sientes frustrado con los resultados, es porque no le has dado suficiente tiempo; otórgale más tiempo y te aseguro que te sorprenderás con los resultados".

Es importante que el paciente, su familia y todas aquellas personas que están a su alrededor y lo quieren, entiendan que como seres humanos estamos influenciados por la genética, mas no determinados; la diferencia está en que podemos intervenir el ambiente y, por lo tanto, modificar la expresión de los genes (epigenética).

Hay mucho que hacer para que esa persona reencuentre su camino en la vida, recupere la confianza en sí misma y alcance su mayor potencial. **No** limites tus expectativas sobre lo que él o ella puede ser capaz de hacer o alcanzar.

Ir al psicólogo tiene como objetivo la adquisición de estrategias, herramientas y habilidades para afrontar los posibles obstáculos que aparecen en el transitar por la vida.

Dicen que en algún lugar de la NASA existe una frase escrita:[5]

**"Según el diseño de las alas,
de la forma del cuerpo,
de su peso y de su aerodinámica,
las abejas no pueden volar,
pero vuelan porque no saben
que es imposible".**

Recordemos siempre que en esta vida nacemos con la posibilidad de ser todo lo que queramos y de alcanzar todo lo que soñamos; lo único que interfiere con esto es la falta de confianza en nosotros mismos, en nuestras habilidades, posibilidades o recursos internos o externos, a la vez que la falta de constancia y disciplina.

Tu mente puede ser o el mejor aliado o el peor enemigo, y solo debemos ayudar a esa persona a tomar la decisión más importante de su vida. Decidir que su mente sea lo que necesita para potencializar su vida y ser diariamente la mejor versión de sí mismo (cada día puedes ser mejor que el anterior).

---

5 Álvarez, L. (2017). *Como hacer posible lo imposible*. Martínez Roca, Editorial Planeta.

Al miedo se le mira de frente, a los ojos, y se le dice: "Miedo, no te tengo miedo", teniendo claro que…

es valiente quien, aunque con miedo, se arriesga a hacer las cosas.

Recuerda que el miedo se alimenta de sueños, y por eso le encanta robártelos.

Si puedes pensar en algo y soñar con algo, pasa a la acción, no te limites, y seguro lo harás realidad. No te detengas hasta que lo logres, porque el fracaso y los problemas o *situaciones* (como me gusta llamarlos) son temporales y son regalos del universo que se disfrazan de oportunidades de aprendizaje para ayudarte a adquirir algunas destrezas que aún te hacen falta en el camino hacia el éxito.

A Hipócrates, conocido como el padre de la medicina moderna, se le atribuye la siguiente frase:

"A quien desee la salud, primero hay que preguntarle si está dispuesto a suprimir las causas de su enfermedad; solamente entonces será posible ayudarlo".[6]

---

6 Sari Arponen, S. (2021). *¡Es la microbiota, idiota!* (p. 156). Centro de Libros PAPF, SLU, Alienta, Editorial Planeta.

Depresión

Cuando hablamos de depresión nos referimos a un trastorno de salud mental caracterizado por un estado emocional de tristeza, apatía, ira, irritabilidad, frustración, disminución de la energía vital, pérdida de la capacidad de disfrutar aquellas cosas que antes se disfrutaban (anhedonia), cambios en el apetito (aumento o disminución de la ingesta) y en el patrón de sueño (incremento o disminución de las horas de sueño); todo lo anterior acompañado de cambios comportamentales y de pensamientos que se prolongan en el tiempo, por dos semanas como mínimo, y que alteran significativamente el funcionamiento de la persona y su vida.

Las características descritas anteriormente son criterios en los que nos basamos los profesionales de la salud, y que tienen un consenso reconocido por el DSM (*Manual diagnóstico de enfermedades mentales*) para otorgar un diagnóstico. Aunque confieso que no me gustan las etiquetas.

¿Qué podemos hacer desde la psicoterapia para acompañar a una persona con depresión?

Lo fundamental para el éxito de una terapia psicológica es el vínculo de confianza que exista en la relación terapéutica, si la persona se siente respetada, validada, en un espacio que le permita estar segura y cómoda, le otorgará un saber a su terapeuta; ella se permitirá sentirse vulnerable, y encontrará los pensamientos y comportamientos que mantienen la depresión en el tiempo, y que son los que debemos ayudarle a identificar y modificar, siempre con las técnicas adecuadas.

Es importante entender que el trabajo terapéutico es una tarea que se realiza en equipo, y que no es equitativo: el psicólogo hace el 20-30% y el paciente el 70-80%. El psicólogo guiará y hará recomendaciones, pero solo el paciente puede ejecutarlas y pasar a la acción, de ahí el dicho:

**"Terapia es lo que haces con tu vida
entre cita y cita; allí se abre una puerta
a múltiples oportunidades, pero solo
el paciente puede atravesarla".**

La activación conductual ha demostrado ser altamente eficaz en el tratamiento de la depresión, pero nos enfrentamos a retos complejos con una situación en la cual a la persona no le provoca hacer nada, no siente la energía física necesaria para hacer algo y además siente que está viendo el mundo a través de unas gafas oscuras, y nada logra motivarlo; siente, por lo tanto, que está viviendo una vida sin sentido y desconectada de su propósito.

Es importante entender que con la activación conductual buscamos que la persona pueda volver a deleitarse con las cosas que antes le gustaban, que construya dominio en actividades que no sabía que podía disfrutar, pero que son beneficiosas para recuperar la salud mental. Que poco a poco entienda que puede hacer cosas para impactar positivamente su nivel de autoconfianza, de tal manera que logre realizar de forma adecuada tareas básicas.

Siendo la medicación psiquiátrica muy buena y de excelentes resultados, es importante anotar que la píldora mágica no existe; y, por lo tanto, siempre dependerá de nosotros potencializar la medicación y volver a disfrutar la vida a través del uso de las herramientas adquiridas en terapia.

Por medio de la alianza terapéutica y la confianza en el proceso psicoterapéutico, le pediremos al paciente que confíe en nosotros y nos otorgue el beneficio de la duda, para que intente hacer las cosas, aunque no le generen gozo, ya que así podrá volver a sentir alegría poco a poco. Buscaremos que se mantenga activo conductualmente, entendiendo que para una persona que no quiere ni disfruta nada es de vital importancia, y esto lo alcanzaremos con la planificación de una rutina que incluya la realización de actividades en las que la persona era buena y disfrutaba antes del episodio depresivo.

Frecuentemente la respuesta que obtenemos es "No estoy motivado, nada me provoca", por lo cual será importante llevar a este paciente a que comprenda la importancia de ejecutar la acción opuesta a la que lo incita la emoción, y que el realizar las acciones necesarias ayudará a que encuentre la motivación, y como resultado podrá dejar de esperar a sentir ganas para hacer algo.

Para la elaboración de un plan de activación conductual, lo primero que tendremos que hacer es una lista de actividades placenteras que formen parte de una rutina de autocuidado y aseo personal, tratando de reincorporar pasos importantes en la vida diaria.

Estas actividades deberán ser identificadas con un índice subjetivo de disfrute entre 1 y 10 para poder elaborar una jerarquía. Debemos comenzar por aquella que mayor placer o menor malestar genera en la persona.

Es importante garantizar que esa actividad pueda ser realizada con éxito, esto con el fin de disminuir la probabilidad de abandono y evitar así que el paciente encuentre evidencias que confirmen su creencia limitante de que hay algo malo dentro de él, o que simplemente está roto o defectuoso por dentro, lo que se traduciría en la temible *indefensión aprendida*.[7]

El plan de activación conductual debe empezar por aquellas actividades que requieren menor cantidad de energía cognitiva, ya que el objetivo es aumentar la sensación de dominio, y así incrementar el nivel de autoconfianza.

Durante la depresión el ejercicio físico será de gran ayuda en la activación conductual, aunque no haya sido una actividad placentera anteriormente, y además jugará un papel muy relevante en la prevención de recaídas.

Adicionalmente, es importante explicar al paciente que con la práctica de actividad física nuestro cerebro produce una sustancia química llamada BDNF (factor neurotrópico del cerebro), que está implicada en la neurogénesis (la creación de nuevas neuronas) y en la comunicación entre neuronas de manera más eficiente; así es como el ejercicio no solo brinda ese bienestar conocido por la liberación de endorfinas, sino que a corto y mediano plazo incide en la modificación de la química neuronal.

Debemos ser conscientes del valor de los pequeños pasos y de lo mucho que ellos cuentan; no importa lo pequeños que parezcan para otros, porque para una

---

7 Indefensión aprendida: Hace referencia a la percepción que tienen algunos seres humanos que lo han intentado todo y nada les sirve, porque el problema es que están dañados.

persona con depresión el paso más minúsculo requiere un esfuerzo cognitivo, emocional y físico gigante; por lo tanto, necesitamos enfocarnos en disminuir los comportamientos evitativos, buscando la manera de reforzar positivamente las aproximaciones a la conducta deseada.

Toda construcción comienza con pequeñas cosas, todo empieza en nuestra mente con el deseo de verlo; poco a poco vamos ejecutando acciones y poniendo piedra sobre piedra hasta que logramos construir la casa de nuestros sueños.

El malestar comienza con los pensamientos, con los juicios, con la necesidad de aprobación, y, por lo tanto, con las expectativas propias y externas.

Frente a cualquier situación, nuestro organismo tiene una forma particular de reaccionar; cuando nos permitimos conectar con nuestras sensaciones corporales, identificamos cómo estas se conectan con nuestros pensamientos, los que a su vez detonan una emoción, y esta logra desencadenar una conducta.

Esa es la razón por la cual es relevante cuidar lo que decimos, lo que vemos, lo que escuchamos y lo que leemos; nos enseñan a cuidar nuestro corazón limitando las grasas, el consumo de sal, las bebidas alcohólicas, etc., pero se les olvida hacer énfasis en el cuidado de nuestro cerebro y nuestra mente.

Son las palabras las que crean nuestros pensamientos, los pensamientos generan nuestras creencias, las creencias generan nuestras acciones, y son en últimas las acciones las que crean nuestra realidad.

Es de ahí de donde viene la famosa frase:

"Eres el arquitecto de tu propia vida".

Tenemos que asumir la responsabilidad que nos corresponde con nosotros mismos para construir la vida que deseamos, y como se presentarán múltiples obstáculos, será necesario definir con claridad y anticipación a dónde queremos llegar, con aliados como la paciencia, el tiempo, la perseverancia, la dedicación, el esfuerzo y las acciones adecuadas.

Podremos conseguir nuestros objetivos si no renunciamos a nuestro sueño por la frustración que genera toparnos con obstáculos una y otra vez.

**¡No nos demos por vencidos,
no nos fallemos a nosotros mismos!**

No ignoremos las emociones en el proceso; las podemos modificar con los pensamientos, y aprender a gestionarlas sin tener que resistirlas o tratar de evitarlas.

"El corazón y la razón están en equilibrio permanente si no interferimos en ello".

Aprendamos a mirar la vida desde las potencialidades de cada ser humano, quitemos el foco de las limitaciones y lo que ha salido mal, reconstruyamos creencias, porque…

Nuestro cerebro no diferencia entre ficción y realidad, y él tiene la facultad de aprender lo que decidas enseñarle.

Te invito a tener acciones coherentes sin visiones restrictivas, sabiendo que nuestras creencias restringen o potencian nuestra posibilidad de vivir al máximo de las capacidades, y conociendo que el talento es expandible con el esfuerzo, la práctica, la constancia, la disciplina y el compromiso de intentarlo una y otra vez.

Te invito a mantener y cultivar una mentalidad de crecimiento como la propuesta por la doctora Carol Dweck en su libro *Mindset: la actitud del éxito.*

Al hablar de mentalidad de crecimiento, la doctora Carol Dweck hace referencia a la capacidad que tenemos los seres humanos a lo largo de la vida de aprender y perfeccionar estos aprendizajes.

También plantea que podemos desarrollar la habilidad que deseemos si estamos dispuestos a perseverar en el esfuerzo.

Desde la psicología se le debe enseñar al paciente a poner sus pensamientos a prueba, buscando evidencias en el presente que soporten o desestimen la validez de dichos pensamientos; es de gran utilidad aprender a desafiarlos mientras nuestra mente logra entender que no existe la verdad absoluta y que los pensamientos no siempre son hechos reales que estén sucediendo en el presente.

Hace mucho llegó a mis manos un hermoso cuadernito de reflexiones editado por el Sena y escrito por Nicolás Sierra Echeverri, dentro del cual hay una reflexión que me parece pertinente:

Corrida de sapos[8]

Érase una vez una corrida… de sapos, el objetivo era llegar a lo alto de una gran torre. Había en el lugar una gran multitud. Mucha gente para vibrar y gritar por ellos.

Comenzó la competencia, pero como la multitud no creía que pudieran alcanzar la cima de aquella torre, lo que más se escuchaba era:

---

8 Sierra Echeverri, N. (2005). *Reflexiones 7.* Oficina de Comunicaciones, Sena, Regional Antioquia.

—¡Qué pena!, ¡esos sapos no lo van a conseguir!..., ¡no lo van a conseguir!...

Los sapitos comenzaron a desistir.

Pero había uno que persistía y continuaba subiendo buscando alcanzar la parte alta de la gran torre.

La multitud continuaba gritando:

—¡Qué va! No lo van a lograr. Es muy alta la colina. ¡No podrán!, ¡no podrán!

Uno a uno todos los sapitos comenzaron a darse por vencidos. Todos, excepto aquel sapito que seguía y seguía tranquilo y cada vez con más fuerza.

El sapito de nuestra historia hizo un último esfuerzo... ¡y alcanzó la cima! ¡Lo había logrado!

Los otros sapitos querían saber qué había pasado. Querían descubrir por qué, a pesar de lo que la gente gritaba y repetía, el sapito había continuado como si nada hasta alcanzar su objetivo.

Así que esperaron a que bajara, lo rodearon en grupo, le hablaron y descubrieron que... ¡era sordo!

Elige sabiamente no prestar atención a quienes, movidos por sus propios miedos, intentan desviar tu camino hacia el éxito. Mantente firme en tu propósito y sigue adelante con determinación.

Trastorno de ansiedad

La ansiedad tiene su origen en los mecanismos cerebrales donde la anticipación de consecuencias es catastrófica. Es un proceso involuntario, en el cual la persona tiende a sobrevalorar la amenaza o el peligro, y a infravalorar los recursos internos y externos que posee para poder hacer frente a la situación.

Las situaciones que experimentamos están atravesadas por emociones y sensaciones corporales conocidas como *reacciones físicas,* que siempre están acompañadas de pensamientos.

Cuando el cerebro asocia una situación con otra vivida previamente en la que se sintió en peligro, se desencadenan reacciones físicas exacerbadas por un miedo o preocupación excesiva de que se repita; esa sensación de peligro puede ser una situación real o percibida.

Los síntomas de la ansiedad son principalmente generados por pensamientos de indefensión y usualmente están acompañados de comportamientos evitativos, que tratan de disminuir el malestar.

La respuesta ante un estímulo generador de ansiedad está mediada por el sistema nervioso central, que se caracteriza por ser complejo, dinámico y abierto.

Es muy frecuente que las personas que experimentan problemas de ansiedad exterioricen cambios comportamentales, como, por ejemplo, la disminución del interés en ciertas actividades, el aumento de conductas evitativas que tratan de reducir, limitar o evadir los síntomas físicos de la ansiedad, que suelen ser muy molestos.

Es común ver como las personas se tornan irritables, desconfiadas, alertas, vigilantes, y comienzan a mostrarse retraídas, calladas y ensimismadas, lo que los lleva a querer aislarse porque están experimentando intensos y frecuentes cambios de humor sin un motivo aparente.

Trastorno de ansiedad por separación: Se genera en menores de edad que experimentan un temor excesivo a separarse de su figura significativa;[9] la separación puede ser real o irreal, pero el solo hecho de hablarle de que su figura representativa se alejará le genera una angustia intensa.

Fobia específica: Se presenta como un miedo extremo e incapacitante frente a una situación o cosa particular, como los miedos a los insectos, a los aviones, etc.

---

9 Cuando hablo de figura significativa me refiero al cuidador principal, sea este la madre, el padre, familiares o un cuidador que trabaja para la familia y quien se convierte en la figura principal de apego.

Trastorno de pánico: Se presenta con episodios repetitivos donde se siente un temor intenso, repentino e inesperado a morir y no poder encontrar la ayuda relevante que pueda evitarlo. Presenta síntomas físicos como palpitaciones del corazón (como si un caballo desbocado estuviera cabalgando por el prado), opresión en el pecho que genera dificultad para respirar, mareo, náuseas, sudoración en las extremidades y temblor; incluso, a veces los pacientes llegan a urgencias pensando que están teniendo un infarto.

Ansiedad social: Se presenta con un temor exacerbado a estar en lugares públicos rodeados de mucha gente, o inclusive grupos pequeños de personas.

Trastorno de ansiedad generalizada: Es la preocupación exagerada por el futuro y la anticipación catastrófica de todo lo que puede pasar y salir mal frente a cualquier situación.

El poder de elegir
tu mentalidad

Psicología positiva[10]

En 1998, durante la conferencia inaugural de la American Psychological Association (APA), cuando asumió la presidencia Martin Seligman, él se dirigió a sus colegas e hizo referencia a la gran deuda que tenía la psicología del siglo XX con la humanidad; dijo que era primordial **no** enfocarse solamente en la enfermedad mental, en el sufrimiento del ser humano o en todas las técnicas existentes para recuperar la salud mental, sino que había llegado el momento de enfocarse en la importancia de comprender que las personas se encuentran en una búsqueda constante con un objetivo en mente: experimentar emociones positivas con mayor frecuencia y tener la posibilidad de realizar acciones concretas para lograr incrementar la frecuencia, la duración y la intensidad con la que experimentan estas emociones positivas en el día a día.

Es así como a partir de entonces y con Seligman a la cabeza, comienza una era en la que se prioriza la investigación científica rigurosa en una rama de la psicología que, a pesar de tener sus inicios científicos en la psicología humanista, carecía de investigaciones

---

10 Mesurado, B. (2017). Psicología positiva. *Diccionario Interdisciplinar Austral.* Editado por Claudia E. Vanney.

estrictas y serias que permitieran recabar evidencias, con base en el uso del método científico, otorgándole así un carácter de reconocimiento y confiriéndole la trascendencia necesaria a este campo de la psicología dedicado a estudiar las fortalezas y potencialidades del ser humano.

Es a partir de este momento que, desde la psicología y con el respaldo de la APA, se comienza a poner el foco de atención en las fortalezas del carácter, que pueden ser definidas como rasgos positivos de cada ser humano, reflejados en sus pensamientos, sentimientos y conductas.

Comenzamos a plantearnos "¿qué es el bienestar?" no desde la ausencia de enfermedad, sino entendido como una experiencia emocional placentera, donde lo importante es que, al hacer el balance del día, logremos identificar que son más las experiencias que nos generan placer, pensamientos y emociones positivas que aquellas que nos generan emociones y pensamientos incómodos.

Por lo tanto, cuando desde la psicología hablamos de *bienestar psicológico* (emocional y cognitivo), nos referimos y preguntamos respecto de seis aspectos diferentes que atraviesan la vida de todo ser humano siendo estos:

1. **El sentido de la vida** (sentimiento de que la vida tiene un significado, un propósito):

Todos experimentamos en algún momento de nuestra vida la necesidad de encontrar un propósito, y sentir que tenemos algo que aportar para el bien común.

2. **Autonomía** (vivir de acuerdo a las convicciones personales): Dibujar y diseñar nuestra hoja de ruta y seguir nuestro mapa. Todos miramos el mundo a través de unas gafas cuyos vidrios están moldeados por vivencias completamente diferentes, lo que hace que tengamos perspectivas distintas, y eso está bien; esto lo único que hace es explicar que "mi mapa no es el territorio",[11] el mundo es más grande que lo que yo pienso o hago, y todos poseemos un pedacito de la verdad, pero también cada uno de nosotros tiene la posibilidad y la libertad de hacer elecciones permanentes y responsabilizarse de las elecciones.

3. **Crecimiento personal** (el uso de los talentos y el potencial personal): Cada uno llegamos al mundo con talentos y potencialidades diferentes, y debemos entender que tenemos un propósito en la vida, además de talentos particulares que debemos aprender a identificar, potencializar o desarrollar para poner al servicio nuestro y de los demás.

---

11 Postulado básico de la PNL (programación neurolingüística).

4. **El dominio del entorno** (qué tan bien manejamos las diferentes situaciones de la vida): El entorno no nos define, podemos modificar aquello que no nos guste; no permitamos que ello nos limite o frustre los sueños: construyamos lo que no existe y busquemos oportunidades, no nos demos por vencidos hasta lograrlo.

   Recordemos que lo único que se interpone en nuestro camino es nuestra mente: allí habitan las dudas y la falta de determinación.

5. **Relaciones positivas** (la profundidad de conexión con los otros a quienes consideramos importantes): Es nuestro deber aprender a cuidar nuestras relaciones, elegir lo que nos hace bien. Es sabio alejarnos de lo que nos limita, nos hace daño o nos impide creer en nosotros.

6. **Autoaceptación** (conocimiento y aceptación de uno mismo y de las limitaciones): Es la aceptación de nosotros mismos como seres vulnerables, siempre haciendo lo mejor que podemos con lo que tenemos y sabemos.

Somos responsables de incrementar nuestra introspección para poder desplegar todas nuestras fortalezas y ponerlas al servicio de la humanidad.

Existe un concepto acuñado por Keyes (2005), *flourishing life*, y en este el autor propone que una vida floreciente estaría caracterizada por la presencia de emociones positivas y el adecuado funcionamiento social y psicológico, lo que brindaría un alto nivel de bienestar mental.[12]

Keyes (1995) define la salud mental como un continuo que abarca diferentes posturas, y va desde la salud mental completa, incluyendo el florecimiento, hasta la enfermedad mental y el languidecimiento (que hace referencia a los bajos niveles de disfrute, felicidad y bajos índices de funcionamiento psicológico y social), lo que lleva a las personas a describirse a sí mismas y a su vida como algo hueco y vacío.

El locus de control interno, tiene como función ayudar a las personas a hacerse responsables de sus acciones, su vida, y a no considerarse víctimas del destino; contribuye a una experiencia vital de mayor satisfacción y compromiso.

---

12 Huppert (2009); Keyes (2002); Ryff y Singer (1998).

"Hoy tienes dos opciones: ser feliz o ser inmensamente feliz, ¿cuál eliges?".[13]

La sociedad nos ha hecho creer que la felicidad es algo por lo que hay que luchar constantemente, y trabajar duro para encontrarla; pero parece ser que siempre continúa faltando algo para alcanzar la tan anhelada felicidad.

Cuenta la historia que existió un diálogo entre Aristóteles y uno de sus estudiantes, que ejemplifica claramente esta cuestión.[14]

—¿Qué es lo que quieres? —preguntó Aristóteles a uno de sus alumnos.

—Poder ir a la universidad —respondió el joven.

—¿Para qué? —preguntó de nuevo el sabio.

—Para conseguir un buen trabajo.

—¿Para qué? —repitió de nuevo Aristóteles.

—Para comprar una buena casa —contestó sinceramente el joven.

—¿Y para qué deseas eso? —preguntó el sabio.

---

13 Álvarez, L. (2017). *Cómo hacer posible lo imposible.* Martínez Roca, Editorial Planeta.

14 Álvarez, L. (2017). *Cómo hacer posible lo imposible.* Martínez Roca, Editorial Planeta.

—Para poder casarme y formar una familia —contestó sin titubear el joven.

—¿Para qué? —indagó Aristóteles.

—Para poder ser feliz —contestó el joven estudiante.

—¡Aaah! —exclamó Aristóteles— Entonces lo que realmente has deseado desde el principio es tan solo ser feliz.

Martín Seligman en el 2011 propuso en su libro Flourish: a visionary new understanding of happinessand well-being *(Flourish: una nueva y visionaria comprensión de la felicidad)* que el bienestar puede resumirse en cinco componentes:

Emociones positivas: Se refiere a la posibilidad de experimentar emociones positivas, como la felicidad y el confort.

Compromiso: El compromiso que podemos asumir con los sueños e ideales, el estar comprometidos e interesados con una actividad particular.

Relaciones: Hace referencia a las relaciones interpersonales positivas que nos permiten sentirnos cuidados e integrados a nuestra comunidad, lo que a su vez se traduce en la satisfacción que experimentamos frente a la red de apoyo social y familiar.

Significado: El sentido que decidimos encontrarle a nuestra vida; es el sentimiento de tener un propósito y estar conectado a algo mucho más grande que uno mismo.

Logro: Hace referencia a la sensación percibida de logro, a ser capaces de progresar hacia alcanzar nuestros objetivos propuestos; incluye la valoración de los recursos propios, las ambiciones y los impulsos de permanecer en la acción.

Por mi historia de vida personal y profesional, me atrevo a pensar que la felicidad es una decisión que tomamos día a día con nosotros mismos; a pesar de las situaciones o por las situaciones, decido entender que el viaje es hacia adentro y que nada de lo que suceda en el exterior está dentro de mi zona de control; por lo tanto, no puedo permitirle que interfiera con el compromiso que adquiero conmigo mismo de ser feliz.

En el libro de Alex Rovira y Francesc Miralles, *Cuentos para niños y niñas felices*, hay un relato que trata de enseñar precisamente eso: que la felicidad está en apreciar las pequeñas cosas que a menudo damos por sentadas, y nos olvidamos de agradecer y reconocer a la vida lo afortunados que somos por tener la posibilidad de disfrutar y poseer esas pequeñas cosas.

Las siete maravillas del mundo[15]

Una maestra de historia pidió a sus alumnos que confeccionaran entre todos una lista con las que ellos consideraban eran las siete maravillas del mundo. Hecho esto pintarían juntos en una pared de la escuela un gran mural con todo lo que habían elegido.

Para decidir esta lista de prodigios crearon un grupo de WhatsApp. Emocionados con aquella tarea, los teléfonos pronto comenzaron a vibrar con diferentes propuestas para la clase.

Una maravilla en la que casi todos coincidieron era la Gran Muralla China, una descomunal obra de construcción que cruza un continente entero.

Le seguían de cerca las pirámides de El Cairo, muestra del poder de los faraones. Aún era un misterio saber cómo pudo crearlas una cultura que ni siquiera conocía la rueda.

El palacio del Taj Mahal, el mayor regalo de amor nunca hecho, en el que trabajaron los mejores artesanos de todo Oriente.

El canal de Panamá, una obra de ingeniería impresionante que muchos creyeron que era imposible.

La iglesia de la Sagrada Familia en Barcelona, el templo más original del planeta, cuya construcción

---

15 Rovira, A. y Miralles, F. (2020). *Cuentos para niños y niñas felices.* Editorial Planeta (pp. 39-42).

hace casi 140 años se está llevando a cabo, y ha sido pagada toda con dineros de donativos.

Machu Picchu, la ciudad sagrada de los incas en Perú, por los enigmas en su diseño y la belleza sobrecogedora del entorno.

Entre todos los participantes se encontraba una alumna que no había intervenido una sola vez: Alba.

Esto hizo pensar a sus compañeros que quizás no sabía qué elegir, porque… ¡Hay tantas maravillas en el mundo!, o que tan solo no le interesaba ese trabajo colectivo.

Cuando llegó el día de la presentación, la maestra quiso saber cuáles eran las siete maravillas que había elegido la clase.

Estaban todos tan entusiasmados que empezaron a pisarse entre sí para decir el top 7 de lugares y edificios que habían pactado.

Solo Alba seguía sin intervenir, lo cual no pasó desapercibido por la maestra.

—¿No estás de acuerdo? —le preguntó—. ¿Tienes alguna propuesta diferente de la lista que acaban de elaborar tus compañeros? Vamos, es tu momento de decirlo. Aún podemos cambiar lo que pintaremos en el mural.

Todos observaban a Alba con gran interés. Nadie entendía por qué no había dicho nada durante los días de discusión en el grupo. Finalmente murmuró:

—Es que… en mi lista aparecen cosas completamente distintas, pero para mí son maravillosas.

—¡Ah, estupendo! ¡Estamos esperando oírlas!

Alba respiró profundamente, sin ocultar que estaba un poco nerviosa. Luego se sacó un papel del bolsillo. Tras desplegarlo con cuidado leyó:

Las siete maravillas para mí son:

Poder ver. Poder escuchar. Poder tocar. Poder oler. Poder saborear. Poder reír. Y poder amar.

Un silencio profundo siguió la lectura de esta lista. Finalmente, la maestra comenzó a aplaudir y le dijo:

—¡Todas estas cosas son maravillosas, tienes toda la razón! De hecho, son tan importantes que las damos por supuestas hasta que nos faltan, porque no se pueden volver a construir ni tampoco comprar con dinero. Propongo que estas sean las siete maravillas elegidas para nuestro mural. ¿Qué opináis?

Por primera vez desde que había empezado ese ejercicio, todos estuvieron de acuerdo.

Culturalmente nos van limitando en nuestros sueños y deseos, nos cortan las alas y nos piden ser realistas con lo que deseamos; nos muestran todas las razones por las que no es posible alcanzar nuestros sueños y convertirlos en realidad.

Es frecuente escuchar frases como "deja de ser soñador, aterriza y ponte a trabajar", "para de pensar en imposibles y concéntrate en la realidad", "mira bien a tu alrededor y da gracias por eso, no pretendas más, no seas malagradecido".

A través de los tiempos nos hemos encontrado con una sociedad que trata de determinarnos como seres humanos desde la perspectiva de la mentalidad fija, donde o somos capaces o no lo somos, o tenemos lo necesario o no; donde debemos hacer lo que nos piden y creen es lo que podemos hacer, y, por lo tanto, debemos estar agradecidos y conformes con lo que sí está a nuestro alcance.

Es importante entender que, desde una perspectiva de mentalidad de crecimiento, un fracaso solo es un fracaso si yo permito que me defina y determine lo que yo piense de mí mismo o mis acciones; de lo contrario, siempre es una oportunidad de aprendizaje.

Tomemos como ejemplo lo que sucede en una competencia deportiva de niños actualmente: debido a que nos hemos acostumbrado como sociedad a ver el fracaso como algo malo, decidimos disfrazar las derrotas con la excusa de proteger en los niños su autoestima; a todos les dan medalla y les dicen que "no importa ganar, no importa perder, lo más importante es participar".

Y no me malinterpretes, querido lector: estoy de acuerdo en alentar la participación, pero en los deportes de competencia se sale a dar el mayor esfuerzo buscando ganar; claro está, enfocados siempre en el disfrute y la diversión que les permita aproximarse a la competencia con tranquilidad y confianza en sí mismos, disfrutando y comprendiendo que perder no es igual a fracasar, y que en la vida en cada situación siempre se gana o se crece mediante el aprendizaje.

Por lo tanto, debemos enfocarnos en trabajar una mentalidad de crecimiento donde se redefina el perder, y enseñar que un fracaso no nos define ni nos desvía de nuestros objetivos si no lo permitimos; es solo un aprendizaje que debe reforzar nuestro compromiso con los objetivos, y la razón por la que nos debemos esforzar cada vez más, siempre dando el mayor esfuerzo en lo que queramos hacer.

Para ilustrar esto con ejemplos reales, quisiera mostrar la historia del invento de la bombilla eléctrica, que cambió el rumbo de la humanidad y que nos permite conocer el mundo como es en la actualidad.

Es indiscutible que la paciencia y la perseverancia fueron los principales aliados de **Thomas Alva Edison** en su empeño por **fabricar la bombilla, y modificar así para siempre la vida que se conocía hasta ese momento.**

El científico probó cientos y cientos de materiales para elaborar el filamento interno de la bombilla. Cada vez que probaba un nuevo filamento, este se quemaba tras arder tan solo un par de horas; sin embargo, el 21 de octubre de 1879, Edison realizó la primera demostración pública de la bombilla incandescente ante 3000 personas en el Menlo Park (California). La primera bombilla lució durante 48 horas ininterrumpidamente.

Pero la bombilla eléctrica terminó convirtiéndose en mucho más que un invento; la bombilla y la historia detrás de ese maravilloso invento, realmente nos muestran la importancia de mirar las situaciones como relativas y temporales y no permitir que los fracasos o errores nos definan o desvíen de nuestro objetivo; es el ejemplo perfecto de que siempre podremos elegir convertir en oportunidad lo que otros consideran fracaso.

¡Tú decides el sentido que eliges darle a cada situación que se presenta en tu vida!

El 21 de octubre de 1879, uno de los periodistas que asistieron al evento donde se presentaba el gran invento, le formuló la siguiente pregunta: "¿Nunca pensó tirar la toalla después de tantos fracasos?". Edison respondió a esta pregunta con mucha tranquilidad y aplomo, dando una lección de vida a todos los asistentes:

"¿Fracasos? No sé de qué me hablas o a qué te refieres. En cada intento fallido aprendí el motivo por el cual una bombilla no funciona; nunca permití que esto me desmotivara o me hiciera dudar de que era capaz de conseguir hacer realidad este invento".[16]

Pero es aún más importante recordar los inicios y la infancia de este gran inventor.

[17]Cuenta la historia que Thomas no era un niño fácil en el colegio: se distraía fácilmente, era impulsivo e irritable y demasiado inquieto. Así fue que cierto día, cuando tenía tan solo ocho años, llegó del colegio muy triste y angustiado porque su maestro le había pedido entregar una nota a sus padres. Su madre, Nancy Elliot (1810-1871), la leyó bajo la atenta mirada del pequeño.

—¿Qué dice? —acabó preguntando el pequeño Thomas.

Con lágrimas en los ojos, Nancy leyó a su hijo el contenido de aquella breve nota.

---

16 Álvarez, L. (2017). *Cómo hacer posible lo imposible*. Martínez Roca, Editorial Planeta.
17 Álvarez, L. (2017). *Cómo hacer posible lo imposible*. Martínez Roca, Editorial Planeta (pp. 55-56).

"Su hijo es un genio y un gran desafío para nosotros los maestros; esta escuela es muy pequeña para él y no tenemos maestros tan buenos como los que se necesitan para enseñarles a este tipo de niños; por favor, enséñele usted en casa".

Nancy abrazó a Thomas y le dijo que no se preocupara, que a partir de ese momento se encargaría personalmente de su educación. Y eso fue exactamente lo que sucedió.

Su madre hizo un excelente trabajo, al juzgar por los resultados, sobre todo si tenemos en cuenta que a los 15 años Edison comenzó a trabajar como telegrafista y, un año después, vio la luz su primer invento: un repetidor automático capaz de transmitir señales de telégrafo entre diferentes estaciones. A este le seguirían más de 1000 inventos.

Muchos años después, cuando Nancy ya había fallecido y Edison era un inventor reconocido a nivel internacional, encontró por casualidad la nota que ese día envió su maestro a sus padres. Cuán grande fue la sorpresa de Edison cuando al leer la nota descubrió el verdadero contenido de aquella:

"Su hijo está mentalmente enfermo, por lo cual no puede aprender y no merece quitarle el cupo a otro niño que pueda hacerlo, y, por lo tanto, no podemos permitirle que venga más a la escuela".

Edison lloró tras conocer el verdadero contenido de la nota, y cuando logró sobreponerse, escribió en su diario:

"Thomas Alva Edison fue un niño mentalmente enfermo, pero, gracias a una madre heroica que siempre creyó en él y nunca lo limitó, se convirtió en el genio del siglo".

Después de leer esta historia, es importante recordar la importancia de dos cosas: la primera es que no debemos limitar las posibilidades de las personas que tenemos a nuestro alrededor, sin importar las situaciones que se presenten, y la segunda es que un sueño sin acciones solo es una ilusión, pero un sueño con acciones **siempre** es una realidad si no nos desanimamos frente a los obstáculos y situaciones difíciles.

No importa cuánto tiempo tarde: la disciplina y la perseverancia en las acciones serán los aliados necesarios para hacerlo realidad.

Reestructurando las creencias

**"Las creencias son el puente
entre tu yo actual y el que siempre
has soñado ser".**[18]

Si vamos a comenzar a hablar de cómo cambiar las creencias, es importante que hablemos de qué son, qué tipos existen y cómo se forman.

Podemos empezar por definir las creencias como una verdad subjetiva, donde el individuo no está partiendo de hechos reales, sino de la representación mental que hace de la realidad sesgada por sus experiencias y vivencias previas, atravesadas por los aprendizajes culturales e influenciadas por su entorno cercano.

Teniendo en cuenta la anterior definición, partimos de la base de que cada ser humano interpreta las situaciones externas de manera diferente según sus experiencias previas, las cuales le han ayudado a través de su vida a crear la representación mental de las cosas, y a su vez este repertorio ha estado mediado por emociones.

Cabe anotar que podemos darnos cuenta de que las creencias se vuelven limitantes a medida que les

---

18 Álvarez, L. (2017). *Cómo hacer posible lo imposible.* Martínez Roca, Editorial Planeta.

otorgamos definiciones rígidas e inflexibles, y es nuestra adecuada reacción frente a los fracasos la que nos permitirá en últimas hacer uso de nuestra inmensa capacidad de resiliencia, y sobreponernos a la adversidad.

Es indiscutible que poseemos dos mundos y, por lo tanto, dos realidades: el mundo externo, que compartimos con otros y que a su vez posee una realidad común mediada por sitios geográficos, culturas e idiomas, y el mundo interno, que nos pertenece a cada uno y que está constituido por nuestras creencias centrales, ideas irracionales y pensamientos.

Nuestra meta consiste en poder trabajar y modificar nuestro mundo interno, pues, como ya hemos visto previamente, nuestro sufrimiento se genera en la interpretación que realizamos de las situaciones o eventos que ocurren en nuestro mundo externo.

Nuestra mente no diferencia entre ficción y realidad, ya que forma parte de un universo inmaterial planteado desde la física cuántica como pudimos ver en lo expuesto por Lipton (2021); por lo tanto, nuestras creencias están formadas por un proceso de aprendizaje que comienza desde nuestro nacimiento y consta de varios pasos para que quede instaurado dentro de nuestra mente subconsciente.

Nuestras creencias requieren de tres pasos importantes para generarse e instaurarse en nuestra mente subconsciente, y te los expondré a continuación:

Repetición: La clave está en el hacer una y otra vez lo mismo y de la misma manera para lograr que se generalice el aprendizaje.

Alto impacto emocional: Nuestra mente realiza asociaciones emocionales constantemente, y entre más se asocie un evento y una conducta a determinada emoción, más grabada queda.

Convicción: Tu cerebro identifica algo como irrefutable luego de la repetición y el alto impacto emocional y ya no hay duda de que esto es lo que pasará una y otra vez.

Nuestra mente consciente trata de controlar nuestros pensamientos, acciones y comportamientos para hacerlos coincidir con la realidad de nuestro mundo externo, pero hay procesos que se dan de manera natural y automática, sin que podamos o necesitemos controlar, puesto que suceden en nuestro mundo interno, dirigido por nuestra mente subconsciente y que logró albergarse allí, tras la repetición continua, el alto impacto emocional asociado y la convicción. Hasta que se alojó en nuestro subconsciente como una verdad irrefutable.

Es importante anotar que siempre podremos reescribir nuestro subconsciente, aprender a hacer las cosas de manera diferente y más eficiente, pero deberemos recurrir a los mismos pasos: la repetición, la convicción y el alto impacto emocional.

Como veremos a lo largo del desarrollo de este trabajo, somos mucho más que biología, como dice Lipton (2021); hace millones de años que nuestro organismo no se enfrenta a peligros reales que estén poniendo en riesgo nuestra supervivencia como especie y, sin embargo, nuestras reacciones emocionales siguen siendo primitivas e impulsivas.

Existen dos tipos de creencias en nuestra mente:

Las creencias globales: Son aquellas que afectan a todo el mundo, tales como que la Tierra gira alrededor del Sol. Normalmente tienen que ver con la cultura.

Las creencias personales: Son aquellas que no tienen por qué coincidir con el resto de personas de nuestro entorno o cultura. Son nuestras experiencias y condicionamientos propios, fruto de nuestro entorno inmediato.

Aprendemos por modelamiento (imitación) o moldeamiento (instrucciones específicas de cómo hacer algo en particular). Desde el nacimiento los bebés humanos se pasan los días observando y escuchando; luego, poco a poco van comenzando a hablar y a hacer eso que ven hacer a su entorno inmediato, repitiendo así palabras y comportamientos que empiezan a instaurar sus creencias y a formar una manera particular de aproximarse a la vida en diferentes circunstancias.

Existen cuatro vías de condicionamiento mental que permiten el establecimiento de creencias y definen las conductas de cualquier ser humano, y estas son:

Genética: Es innegable que existe una predisposición genética heredada de nuestros padres y ancestros que nos hace vulnerables a cierto tipo de enfermedades, actitudes y comportamientos, pero que definitivamente **no** nos define y que en realidad influye mucho menos en nosotros de lo que nos han hecho creer.

Iván Pávlov, fisiólogo ruso, en una de sus investigaciones y experimentos, logró demostrar y revelar que la genética tiene una carga importante en nuestro comportamiento. Para ello colocó dos cajas distintas con diferentes gusanos. En una de ellas, cada vez que la abría para darles de comer, les proporcionaba un pinchazo a los gusanos que se encontraban en las ramas más elevadas. En la otra caja no hacía nada más que simplemente proporcionarles alimento. Al cabo de dos generaciones, los hijos de los hijos de los gusanos de la primera caja no subían a la superficie a pesar de que ya no los pinchaban.

¿Cómo podían saberlo? Llevaban una carga genética que los protegía y ayudaba en su supervivencia…

Está entonces claramente estudiada la influencia genética en los seres vivos, pero indica el doctor Bruce H. Lipton, biólogo celular de la Universidad de Wisconsin y quien además es considerado uno de los pioneros en los estudios de la Universidad de Stanford, autor del libro *Biología de las creencias,* que nuestro material genético tan solo nos afecta un 2 %, el resto está determinado por factores ambientales (factores psicológicos, espirituales, culturales, familiares y emocionales).

Así pues, el 98 % de nuestros condicionamientos vienen por las otras tres vías, que son:

Condicionamiento visual: Es todo aquello que observamos. Aprendemos pautas de relacionamiento, afrontamiento y comportamientos a través de lo que vemos hacer a nuestros padres o adultos significativos; aprendemos al ver cómo nuestros cuidadores manejan las situaciones desafiantes.

Condicionamiento auditivo: Es todo aquello que escuchamos. Las palabras y expresiones que escuchamos verbalizar a nuestros padres o nuestro entorno condicionan significativamente la manera como nosotros hablaremos y la construcción de nuestro diálogo interno, que no es otra cosa que la manera como nos expresaremos de nosotros mismos y de nuestro entorno.

Las palabras generan pensamientos; al conformar las ideas que entran en nuestra mente, nuestros pensamientos forman nuestras creencias, nuestras creencias definen nuestros comportamientos y son nuestros comportamientos los que al final tendrán la facultad de crear nuestra realidad; de acá la importancia de cuidar lo que vemos, escuchamos y decimos.

Experiencias específicas: Cada una de las experiencias que tenemos en la vida nos deja un aprendizaje positivo o negativo; por lo tanto, cuando el ser humano se encuentra frente a situaciones iguales o similares a las experimentadas previamente, hará que sus reacciones sean parecidas, si no las mismas. Es, por lo tanto, de vital importancia propiciar experiencias en las que esa persona que quieres o tú mismo pueda salir victoriosa, ayudando así a formar un nivel de autoconfianza positivo, y será esto, por lo tanto, lo que permitirá predisponer a ese ser humano a ser exitoso en lo que haga resignificando creencias permeadas por experiencias previas.

Es así como por medio de estas tres vías de condicionamiento se va determinando la manera como pensamos, nos sentimos y actuamos en la vida, aunque nos demos cuenta de ello o no, entendiendo que la mayor parte del día los seres humanos estamos funcionando desde automatismos mentales.

Es así como **nuestro entorno nos afecta y nos define**; realmente ahí radica la importancia de elegir a quienes tenemos a nuestro alrededor, para construir un entorno lo más saludable y sano posible para desarrollarnos, ya que nuestra manera de pensar y de actuar la define en gran parte el propio entorno. Debemos elegir adecuadamente mientras esté dentro de nuestras posibilidades qué tipo de personas nos rodean, en qué ambiente vivimos... Y será en gran parte esto lo que estará moldeando qué acciones emprendemos, qué decidimos escuchar y cómo decidimos hablarnos a nosotros mismos.

Es la suma de múltiples factores lo que afecta y determina nuestras creencias, pero es importante resaltar que seremos nosotros mismos los únicos responsables de permitir que nuestras creencias limitantes permanezcan o sean modificadas por creencias potenciadoras.

Imagínate que te enseñan las llaves de un coche y te dicen: "Estas llaves conducen este coche".

En cierto modo te dicen la verdad. Pero la realidad es que eres tú quien pone las llaves en el contacto para iniciar el coche, quien coge el volante, aprieta el acelerador, pone en marcha el coche y decide dónde va, por lo tanto, eres tú quien conduce el coche.

Retoma la confianza en ti, y **recuerda que el poder está dentro de ti**; siempre estará en ti tomar la decisión sobre hacia dónde quieres dirigirte y realizar las acciones necesarias para llegar allá; no estás a merced de las circunstancias, eres tú finalmente quien decide o no encender el auto y ponerlo en marcha.

En los seres vivos menos avanzados, el cerebro necesita de la experiencia para dar los aprendizajes como válidos. El problema de nuestro avanzado y maravilloso cerebro es que somos capaces de autorizar y aceptar informaciones externas con solo escucharlas. Las aceptamos como válidas, sin cuestionarlas siquiera. Pero ¿qué ocurre si esas ideas son erradas?

Una vez las ha aceptado el subconsciente, este producirá la acción refleja externamente sin ni siquiera razonarlo.

La historia de la milla en cuatro minutos[19]

¿Conoces la historia de la milla en cuatro minutos?

Durante muchos años, las personas mantuvieron la idea de que era imposible recorrer una milla de distancia en menos de cuatro minutos. Hasta que,

---

19 Bascomb, N. (2017). *La milla perfecta.* Editorial Melusina.

en 1954, Roger Bannister rompió esta imponente barrera.

Roger se desafió a sí mismo a lograr lo imposible, no solo mediante el entrenamiento físico, sino también a través del entrenamiento mental, practicando tantas veces mentalmente y añadiéndole tal intensidad emocional que creó una orden incuestionable en su subconsciente. De esta forma, cuando Roger batió la plusmarca mundial, ya la había batido anteriormente miles de veces en su mente.

Lo más importante de esta hazaña es que Roger rompió esa barrera para los demás. Creó tal sensación de certidumbre a los demás corredores que un año más tarde aquella marca infranqueable de los 4 minutos en la milla había sido batida por más de 300 de ellos.

Todos nacemos con grandes capacidades para diferentes cosas; lo difícil es permanecer siendo creativos para poner esas capacidades a nuestro servicio, ya que, a medida que vamos creciendo, escuchamos frecuentemente de parte de los adultos significativos que nos rodean y de nuestro entorno inmediato, todo lo que no podemos hacer, lo que no debemos intentar y lo que no somos capaces de hacer.

Todos tenemos talentos, habilidades y destrezas diferentes, y es en estas en las que debemos enfocarnos como familia. La sociedad actual nos ha condicionado a creer que todos debemos saber lo mismo y ser buenos en lo mismo. Que si mi hijo no sobresale en la escuela en matemáticas, idiomas, biología, debo esforzarme más en ayudarlo a encajar y a sobresalir ahí, o fracasará de grande en la vida; que todos debemos buscar trabajar en empresas grandes y multinacionales, que hay algunas áreas de estudio que son una pérdida de tiempo y que quienes se decidan por ellas fracasarán económicamente.

Realmente debemos tener una mirada de principiante y explorar con las personas que amamos sus deseos, gustos, potencialidades, y ayudarles en el camino necesario que las lleve a fortalecerse y a lograr ser su mejor versión mientras hacen lo que aman y disfrutan, siendo felices. La recompensa económica siempre será una consecuencia de hacer algo bien; por lo tanto, si amas lo que haces, lo harás bien y el dinero llegará tarde lo que tarde.

Según cuenta la historia, Albert Einstein alguna vez dijo: "Todos somos genios, pero si juzgas a un pez por su habilidad para trepar árboles, pensará toda la vida que es un inútil".

Quisiera pedirles que se graben esa frase, y que lean a continuación otro cuento, que trata de transmitir la importancia de esta frase por medio de enseñanzas de la sabiduría popular.

La universidad de los animales[20]

Cuenta una historia que varios animales decidieron abrir una escuela en el bosque. Se reunieron y empezaron a elegir las disciplinas que serían impartidas durante el curso.

El pájaro insistió en que la escuela tuviera un curso de vuelo. El pez quería que la natación fuera también incluida en el currículo. La ardilla creía que la enseñanza de subir en perpendicular en los árboles era fundamental. El conejo quería, de todas formas, que la carrera fuera también incluida en el programa de disciplinas de la escuela.

Y así siguieron los demás animales, sin saber que cometían un gran error. Todas las sugerencias fueron consideradas y aprobadas. Era obligatorio que todos los animales practicaran todas las disciplinas.

Al día siguiente empezaron a poner en práctica el programa de estudios. Al principio, el conejo se salió magníficamente en la carrera; nadie corría con tanta velocidad como él.

Sin embargo, las dificultades empezaron cuando el conejo se puso a aprender a volar. Lo ubicaron en una rama de un árbol, y le ordenaron que saltara y volara.

El conejo saltó y el golpe fue tan grande que se rompió las dos patas. No aprendió a volar, y además no pudo seguir corriendo como antes.

---

20 Rovira, A. y Miralles, F. (2020). *Cuentos para niños y niñas felices.* Editorial Planeta (pp. 141-143).

Al pájaro, que volaba y volaba como nadie, lo obligaron a excavar agujeros como un topo, pero, claro, no lo consiguió.

Por el inmenso esfuerzo que tuvo que hacer, acabó rompiendo su pico y sus alas, y estuvo muchos días sin poder volar. Todo por intentar hacer lo mismo que un topo.

La misma situación fue vivida por un pez, por una ardilla y un perro que no pudieron volar, y salieron todos heridos. Al final, la escuela tuvo que cerrar sus puertas.

¿Y saben por qué?, porque los animales llegaron a la conclusión de que todos somos diferentes.

Cada uno tiene sus virtudes y también sus debilidades.

Un gato jamás ladrará como un perro, o nadará como un pez. No podemos obligar a que los demás sean, piensen y hagan algunas cosas como nosotros. Lo que lograremos conseguir con eso es que ellos sufran por no hacer algo de la misma manera que nosotros o de la manera que creemos deben ser las cosas, y por no hacer lo que realmente les gusta.

Es importante recordar que para la preservación de la especie los humanos intentamos pertenecer a un grupo y ser aceptados, de eso dependerá que, en el momento en que me encuentre frente a un peligro real ante el cual yo no tenga la capacidad de reaccionar para protegerme, alguien más me pueda ayudar a sobrevivir.

Esa es la razón por la que para los seres humanos es tan importante agradar al otro y sentir que somos aceptados.

Si para sentir que pertenezco y soy aceptado es necesario que renuncie a mis sueños, mi mente tratará de adaptarse para garantizar la supervivencia.

Las situaciones difíciles se presentan en la vida una y otra vez otorgándonos la posibilidad de aprender, crecer y mejorar en diferentes ámbitos, de ahí la importancia de que **no** les pongamos límites a las personas y enfrentemos los miedos tipo "¿y ahora cómo será mi vida, qué podré hacer?" y "pobrecito él, que se siente así".

Recuerda que somos del tamaño de nuestros pensamientos, y no nos podemos permitir fracasar (entendiendo fracaso como el darme por vencido), ni siquiera en la mente; debemos aprender desde pequeños, si no lo hicimos, debemos hacerlo a cualquier edad, la importancia de **"correr tan rápido que nuestras excusas no puedan alcanzarnos"**.

A muchos de nuestros pensamientos, actitudes y comportamientos podemos encontrarles una explicación dentro de nuestra historia de vida; pero una vez somos conscientes de la manera como eso nos está afectando y definiendo, y, por lo tanto, afectando el logro de todo nuestro potencial, no puede seguir siendo la justificación.

Podemos cambiar **todo** lo que queramos, tan solo necesitamos tomar una decisión y mantenernos enfocados en esa decisión **actuando con disciplina y perseverancia hasta alcanzar el cambio deseado.**

Es realmente importante comprender, reitero, que nuestro cerebro no diferencia entre realidad y ficción; por lo tanto, aprende lo que decidamos enseñarle, y en el proceso de aprendizaje trata de buscar coherencia interna (similitudes con lo aprendido previamente). Ten en cuenta que el aprendizaje requiere siempre de la repetición y la perseverancia mientras logramos instaurar el conocimiento y se vuelve automático.

Muchas veces sin querer les decimos con acciones o palabras a nuestros seres queridos que no son capaces, que se amolden, que continúen ahí sin importar lo mal o inconformes que se sientan; o quizás no confiamos lo suficiente en ellos y somos complacientes, no les exigimos porque no esperamos que sean capaces de lograrlo; además, les tenemos pesar con la suerte que les tocó de tener una enfermedad mental. "Pobrecito, cómo le va a ir bien en la vida y cómo va a cumplir con sus obligaciones si está deprimido". "Debemos entender que no comparta estos espacios con la familia, pues se pone muy mal por la ansiedad que tiene".

No me malinterpreten, claro que tenemos que adecuar *transitoriamente* nuestras expectativas, y claro que debemos promover las aproximaciones a la conducta deseada, reconociendo que su energía vital baja significativamente y los procesos mentales superiores, como la atención y la memoria, se ven afectados en medio de un episodio depresivo o en la ansiedad; pero no debemos permitir que la enfermedad mental los defina y se convierta en la excusa para incrementar sus comportamientos evitativos.

Hace muchos años escuché una pequeña historia acerca de los diagnósticos en salud mental, que habla de lo fácil y rápido que es poner una etiqueta en una botella de agua, y agrega que, una vez se pone y se trata de quitar, siempre podremos ver que estuvo ahí en ese lugar. Desde entonces trato de no utilizar ningún tipo de diagnóstico con los pacientes o sus familias; esto implica, por supuesto, que yo tenga claro el diagnóstico para poder realizar el plan de tratamiento de forma óptima, establecer meta terapéutica y objetivos por trabajar, pero haciendo énfasis con la familia y con los pacientes en que esto no los define y son mucho más que el diagnóstico: "Están deprimidos, no son depresivos", "están ansiosos, no son ansiosos".

Tenemos la misión de ayudarlos a confiar en ellos y a entender que pueden aceptar radicalmente cosas que no van a cambiar, "it is what it is", (Es lo que es) y, después de lograr la aceptación, de eliminar o modificar muchas creencias o pensamientos irracionales que cumplieron una función en otro momento de su existencia y que, aunque no les resultaban cómodos, no sabían cómo quitarlos, pero hoy deben deshacerse de todo lo que los limite, permitiéndose encontrar fuerzas para continuar y creer en sí mismos.

Una serie de fracasos acumulados y mal gestionados puede inducir a los seres humanos, e incluso a algunos animales, a un estado conocido en psicología como *incapacidad adquirida, o desesperanza aprendida*. Para ilustrar lo anterior quiero contarles el cuento de un elefante de circo.

El elefante y la estaca[21]

Cuando era pequeña, me gustaba mucho el circo. Cuando veía su carpa, todavía casi en el suelo (las carpas son como hongos gigantescos, que crecen en días), atosigaba a mi padre para que no se le olvidara llevarme (igual que los hongos, desaparecen de un día para otro).

---

21 Bucay, J. (2020). *Déjame que te cuente. Los cuentos que me enseñaron a vivir.* Debolsillo.

Recuerdo que contemplaba absorta a los animales feroces, al domador con su látigo, el león, el tigre, los elefantes…

Y siempre me sorprendió ver al elefante atado con una cadena a una pequeña estaca clavada en el albero. No lo entiendo –me decía a mí misma–, ese elefante enorme, poderoso, atado a esa pequeña estaca… Si yo los he visto en la tele, en plena sabana africana cuando, enfurecidos, arrancan un árbol de cuajo… ¿Qué obstáculo puede ser para él esa ridícula estaca? No lo entiendo.

Mamá, ¿cómo es posible que al elefante del circo lo tengan sujeto con una pequeña estaca cuando, siendo tan grande y tan fuerte como es, podría arrancarla cuando quisiera?

—No puede arrancarla, hija, no sé por qué, pero así ha sido siempre.

Aquella respuesta, como es lógico, no me dejó satisfecha, y ese porqué –como otros muchos a lo largo de mi infancia– quedó en ese lugar donde se van guardando los interrogantes, esperando una respuesta, a veces hasta el fin de los días.

Pero un día, ya mayor, y estando en el circo con mi hijo, volví a ver al elefante atado a la estaca. Y volvió a mí la pregunta sin respuesta. Hoy no me iría sin resolver el misterio –pensé–. A la salida, fui a enseñarle los animales a mi hijo, que ya estaban en sus jaulas, unos tranquilamente recostados, otros inquietos dando sus paseos recurrentes, castigo de unos animales a los que cambiaron la sabana infinita por un cubo triste, y me acerqué al cuidador, que estaba con ellos limpiando sus jaulas.

Este hombre sencillo me desveló el enigma. El elefante había nacido en cautiverio. Y desde el momento en que se tuvo de pie fue atado a la estaca. El primer día trató de zafarse, daba tirones, empleaba toda su fuerza, pero todo era inútil. Era pequeño y sus fuerzas no eran suficientes. El segundo día también lo intentó. Y el tercero. Todos los días sin éxito. Pasaron los días y el elefantito asumió con pena su impotencia. Ya no lo intentó más. ¿Para qué?

Se diría que era imposible. Y ya no lo intentó más. Y el día en que yo, pequeña, lo vi con mi madre en el circo, seguía convencido de que no era posible librarse de la pequeña estaca.

Y por fin entendí cómo ese elefante enorme no imaginaba siquiera que podría fácilmente librarse de tan pequeña atadura.

Frente a las creencias, es importante ayudar a las personas a plantearse algunas preguntas y trabajar en la exploración de posibles respuestas que les ayuden a establecer metas a corto plazo para construir la vida que quieren o merezca la pena ser vivida para ellos.

¿Para qué crees que naciste? (misión).

¿Qué quieres lograr a corto, mediano y largo plazo? (visión).

¿Qué actitudes aprecias y son importantes para ti en una persona? (sistema de valores).

Para poder potenciar a cualquier ser humano y lograr desarrollar su mejor versión, hay una habilidad muy importante que debemos propiciar y ayudar a desarrollar, y no es otra que la inteligencia emocional, dado que, cuando me enfoco en el trabajo emocional, esto me ayuda a su vez a trabajar las creencias, lo que me aporta claridad y una sensación de tener las capacidades necesarias para poder hacer algo frente a cosas que desde otro punto de vista están fuera del área de influencia o zona de control.

También necesitamos tener claridad de cómo regular las emociones y no darnos por vencidos frente a los obstáculos, derrotas temporales o frustraciones. De acuerdo con Lipton,[22] "al proporcionar a las células un ambiente saludable proliferan, cuando el ambiente no es óptimo esas células se enferman, sin embargo, al proporcionar a las células un nuevo ambiente equilibrado, esas células enfermas se revitalizan".

Muchas personas creen que nacen genéticamente dotados o carentes de un don o talento específico, y en muchas ocasiones se justifican el no alcanzar

---

22 Lipton, B. (2021). *La biología de las creencias.* La Esfera de los Libros (p. 42).

grandes objetivos por esa razón, cuando existen evidencias, como las citadas por Lipton,[23] quien hace referencia al estudio realizado por Nijhout en 1990 y titulado "Las metáforas y el papel de los genes y el desarrollo".

Siempre llega más lejos quien se empeña con su esfuerzo y disciplina en alcanzar un objetivo y persevera hasta lograrlo, que quien nace con un talento extraordinario, pero no sabe cómo ponerlo a su servicio por falta de disciplina y constancia.

Lipton[24] muestra cómo las influencias medioambientales, entre las que se incluyen las emociones, la nutrición y el estrés, pueden modificar los genes sin alterar su configuración genética básica. Es importante tener en cuenta lo expresado por Lipton[25] acerca de las experiencias vitales y cómo estas pueden inhibir o expresar la actividad de la telomerasa, que es una enzima que ayuda a mantener vivas las células al cuidar que los telómeros, nombre con el que se conocen los extremos de los cromosomas, se mantengan de la misma longitud después de que la célula se divide.

La influencia ambiental más importante, es la mente y sus creencias, las cuales fueron formadas por la programación mental adquirida antes de los siete

---

23 Lipton, B. (2021). *La biología de las creencias.* La Esfera de los Libros (p. 44).
24 Lipton, B. (2021). *La biología de las creencias.* La Esfera de los Libros (p. 59).
25 Lipton, B. (2021). *La biología de las creencias.* La Esfera de los Libros (p. 59).

años a través de la retroalimentación que recibimos de las personas en nuestro entorno inmediato. Esto va formando un sistema de creencias por medio del cual nos relacionaremos con el mundo y es capaz de controlar la actividad de la telomerasa.

Dice Lipton[26] que nuestro cuerpo está equipado de un mecanismo mágico llamado *membrana*, que es el encargado de interpretar y convertir las señales ambientales en el complejo sistema de comportamientos, y que recibe el nombre de sistema nervioso.

Indica lo expuesto por Lipton:[27] "Somos nosotros quienes controlamos nuestra biología", y eso nos da una gran posibilidad de actuar y modificar todo aquello que necesitemos y queramos a través de la intervención directa en el ambiente, permitiéndonos ser sujetos activos en la construcción de nuestra realidad y no sujetos pasivos y víctimas de nuestra genética o de la sociedad y nuestro ambiente inmediato.

El proceso de evolución celular ha dotado a los humanos de mecanismos más complejos que le permiten aprender de las experiencias de la vida y no confiar solo en las reacciones instintivas, señala Lipton.

Y agrega que durante el proceso de aprendizaje condicionado las rutas neuronales se estructuran a

26 Lipton, B. (2021). *La biología de las creencias.* La Esfera de los Libros (p. 71).
27 Lipton, B. (2021). *La biología de las creencias.* La Esfera de los Libros (pp. 87 y 133).

través de la repetición para lograr el establecimiento de hábitos que entran a formar parte de nuestro repertorio conductual. Sin embargo, es importante anotar que los actos de la mente subconsciente son reflejos y no pasan por el control de la razón o los pensamientos.

Conforme a lo mencionado por Lipton en la misma obra, "nuestras respuestas a los estímulos ambientales están mediadas por nuestras percepciones o ideas", pero esas ideas no siempre son acertadas. Podemos así concluir que dan pie a nuestros sistemas de creencias, y son estos sistemas de creencias los que al final controlan nuestra biología. Esta es una gran noticia…

No estamos limitados por nuestra biología, ni tampoco por nuestro repertorio de comportamientos ni por nuestra herencia.

Porque la mente domina al cuerpo y con esto nos regala la posibilidad de modificar las conexiones neuronales que establecemos y en qué decidimos enfocarnos.

El poder de las creencias instauradas dentro del ser humano está científicamente probado usando el efecto placebo; cuando en los experimentos de medicación los pacientes mejoran a pesar de recibir agua con azúcar, realmente lo que está generando su mejoría es la creencia de que están recibiendo la ayuda que necesitan para luchar contra la enfermedad.

> **"Todo es posible en este mundo**
> **cuando te convences de ello;**
> **la mente puede obrar milagros".**
>
> Lipton

Cuando la mente cambia afecta tu biología, y esto se puede ver y medir por técnicas objetivas en laboratorio.

También está estudiado y documentado el *efecto nocebos*, el poder que ejercen los pensamientos negativos en la biología, y su capacidad para enfermar al cuerpo. Las personas a nuestro alrededor pueden robarnos la esperanza haciéndonos creer que no podemos hacer nada y estamos a merced de lo que la vida nos depare y que, por lo tanto, nos debemos conformar.

Las grandes victorias y fracasos de la humanidad se han logrado en principio en la mente humana, por eso es tan importante entender que nuestras creencias actúan como unas gafas a través de las cuales vemos al mundo y nuestra biología se adapta a nuestro ambiente, como ha sido ampliamente comprobado y explicado por Lipton.

Cualquier logro en los seres humanos viene siempre acompañado al menos de un gran fracaso, y esa persona simplemente aprendió a enfrentar quizás uno de los grandes desafíos: cómo interpretar los fracasos de tal manera que se conviertan en oportunidades de crecimiento y aprendizaje que lo catapulten al éxito.

Para poder ganar en cualquier ámbito de la vida, es prioritario antes aprender a perder, interpretando y afrontando los errores como algo temporal que impulsa en la escalera al éxito.

Puedes elegir lo que ves y lo que crees, puedes elegir las gafas a través de las cuales quieres percibir el mundo y así tener un impacto positivo en tu salud.

"Los pensamientos positivos son un imperativo biológico para una vida feliz y saludable".

Quisiera contarte, querido lector, un experimento realizado por la NASA para demostrar cómo nuestro cerebro se adapta a la realidad, aunque no concuerde con lo que conoce hasta ese momento.

[28]Años atrás, la NASA diseñó un fascinante experimento para probar el impacto fisiológico y psicológico de la desorientación espacial que los astronautas podrían experimentar durante su estancia en un ambiente sin gravedad.

La NASA escogió a un grupo de astronautas y les colocó unas gafas convexas que daban vuelta la imagen que veían 180 grados. ¡Sí! ¡Veían todo su mundo exactamente al revés, patas para arriba!

Los sujetos tenían que llevar puestas las gafas especiales todo el día. Inclusive mientras dormían, se bañaban, comían, todo el día.

Al principio los científicos observaron extremo estrés y ansiedad reflejados en la presión sanguínea de los astronautas, y otros signos vitales, que podían ser medidos con instrumentos que permitían obtener datos objetivos. Sin embargo, luego de unos días los astronautas pronto se adaptaron al nuevo nivel de estrés que su cuerpo estaba experimentando, pero aún seguían padeciendo altos niveles de incomodidad. Después de todo, su mundo seguía estando al revés.

26 días después de que el experimento comenzara, algo increíble sucedió a un astronauta: su mundo estaba normal otra vez. Las gafas no habían cambiado y aún las usaba 24 horas cada día, pero ahora su cerebro era capaz de ver todo como normal. En los siguientes días, todos los demás astronautas experimentaron el mismo fenómeno.

---

28 Rocioripoll. (s. f.). *Salud integrativa.* https://www.rocioripoll.com/

¿Qué pasó? Después de 26 a 30 días de constante nuevo estímulo, nuestro cerebro crea nuevas conexiones neuronales, conexiones estas que permitieron al cerebro de estos astronautas adaptarse a esta nueva realidad.

En repetidas ocasiones se llevaron a cabo pruebas que permitieron a los investigadores descubrir que, si las gafas eran extraídas, la adaptación neuronal jamás ocurriría. En otras palabras, la adaptación neuronal lleva entre 25 a 30 días de ininterrumpido y consistente nuevo estímulo para que la mente inconsciente produzca la adaptación a la nueva información y la tome como su nueva normalidad.

La conclusión. Necesitamos aproximadamente 30 días para cambiar un hábito aplicando técnicas de reacondicionamiento neuronal para que el cerebro empiece a tener hábitos de pensamiento diferentes, que permitan modificar nuestros patrones de pensamiento y comportamiento.

Es por eso que el éxito va mediado por la perseverancia en nuestros actos, y muchas veces va acompañado de la tolerancia al malestar y regulación emocional frente a la frustración que genera no obtener los resultados deseados en ocasiones; el no quitarse las gafas fue el determinante para lograr adaptarse y salir victorioso de esa incomodidad real.

Cuando cambiamos nuestro sistema de creencias, cambiamos también nuestra sangre, según lo investigado por Lipton, y, al ser esta el medio de cultivo celular, cambiamos nuestra biología y nuestra salud, generando un impacto positivo en nuestro equilibrio cuerpo-mente, y, por lo tanto, en nuestro bienestar.

Es claro que el éxito no trae la felicidad; es todo lo contrario, es la felicidad y el disfrute lo que nos ayuda a construir el éxito. Cuando los individuos mejoran sus interacciones sociales y modifican sus creencias a través del optimismo que permite tener acciones coherentes que lo impulsen en la consecución de sus objetivos de manera consistente, no solo son más felices, sino que logran el éxito alcanzando mejores resultados.

Como ya lo he expresado anteriormente, somos los arquitectos de nuestras propias experiencias, las cuales están atravesadas por la programación que se encuentra en la mente subconsciente, y estas creencias instauradas allí tienen más poder que las situaciones objetivas, haciendo referencia a esa realidad compartida con otros individuos, lo que suele no tener mucha posibilidad de discusión, y que es ampliamente aceptada por todos como cierta, según Lipton.

Entraremos ahora a mirar y tratar de comprender la importancia de los comportamientos de crecimiento y protección como reacciones instintivas de conservación de la especie frente a los estímulos ambientales percibidos.

Los procesos de crecimiento requieren un intercambio libre de información entre el organismo y el medio ambiente, mientras que los procesos de protección requieren que se cierre el intercambio de información, construyendo a su alrededor un muro de protección.

Es así como logramos entender que para poder prosperar en la vida no solo necesitamos eliminar los factores estresantes que se encuentran en el ambiente, sino que debemos buscar de manera activa acciones y comportamientos que promuevan el crecimiento, como la expresión de gratitud, la búsqueda de la alegría y el amor.

Es importante no generalizar y pretender creer que todo tipo de estrés es malo para el organismo; cabe resaltar que existe un estrés que promueve una vida más plena: el *euestrés*, estrés que tiene efectos psicológicos y físicos beneficiosos para la salud de un individuo, generando respuestas físicas rápidas que llevan a un incremento en la productividad y efectividad de mis acciones. Por ejemplo, practicar algunos tipos de ejercicios de forma extenuante, mantenerte motivado y enfocado.

El efecto Pigmalión:[29] **la profecía autocumplida.** Que tú te creas capaz o no depende solo de ti. Bien lo dijo Henry Ford, "tanto si crees que puedes como

---

29 El concepto de *efecto Pigmalión* surge en el año 1960 gracias a Robert Rosenthal, psicólogo de la Universidad de Harvard.

si crees que no puedes, estás en lo cierto"; pero de acuerdo con lo que hemos aprendido, también tu entorno puede potenciarte a crear una versión más elevada de ti mismo o limitarte con sus miedos y permitir que te conformes con una pobre versión tuya. Tu sistema de creencias, no una, sino la suma de varias, determina tu paradigma. Entendemos que nada en esta vida tiene significado por sí mismo, sino que somos nosotros quienes le otorgamos un significado en función del paradigma en el que nos movemos.

Es así como esto determinará tus comportamientos frente a las eventuales situaciones, y también tus actitudes.

Las relaciones de apoyo social son el indicador más sólido de la posibilidad de alcanzar resultados positivos en el día a día. A través de nuestra ilimitada neuroplasticidad, el cerebro sufre alteraciones funcionales y estructurales constantes en respuesta a la vida y a las experiencias de aprendizaje. Esto nos regala una ventaja competitiva permanente, una y otra vez tendremos la capacidad de reinventarnos para adaptarnos a nuestro ambiente.

Los comportamientos, las creencias y las actitudes que los seres humanos observamos a nuestro alrededor durante nuestra niñez se graban en nuestra mente subconsciente, y moldean de forma inadvertida el comportamiento y el potencial para el resto de la vida. Es por eso de vital importancia aprender a reprogramar nuestro sistema de creencias.

Nuestros patrones fisiológicos de comportamiento se ajustan a las realidades o verdades de esa voz colectiva, independiente de que esas creencias sean constructivas o destructivas.[30]

El subconsciente se dedica única y exclusivamente a recolectar información e interpretar la realidad sin hacer juicios ni preguntas; simplemente se dedica a interpretar los estímulos medioambientales grabando esas primeras reacciones automáticas y reflejas.

Como bien lo dice Lipton, nuestra mente subconsciente es el piloto automático, la mente consciente es nuestro control manual, y es así como la mente subconsciente, a través de las creencias limitantes programadas, durante nuestro crecimiento se convierte

---

30 Lipton, B. (2021). *La biología de las creencias.* La Esfera de los Libros.

en el mayor obstáculo para conseguir llegar a donde queremos y tener el éxito que anhelamos.

Poco a poco hemos comprendido la importancia de diferenciar los diversos tipos de inteligencia, de saber de qué manera podemos desarrollar nuestras potencialidades y cómo trabajar en el tema de la inteligencia emocional. Vamos comprendiendo que la reestructuración de creencias nos permite la claridad que necesitamos para saber que siempre podremos dar nuestro esfuerzo perfecto, y que cada vez que nos enfrentemos a una tarea lo haremos mejor si decidimos cambiar nuestra perspectiva y enfrentar las cosas desde una mentalidad de crecimiento, y no desde una mentalidad fija.

¿Pero qué son esos dos términos y por qué son importantes dentro de este trabajo?, ¿cómo pueden beneficiar nuestro proyecto de vida y con esto ayudarnos a construir la vida que queremos tener?

La mentalidad fija habla de procesos con los que nacemos y donde se nos define como personas dotadas, hábiles, inteligentes o no. Durante muchísimos años se habló y condicionó el ambiente y la cultura a creer que se es bueno o no se es, que se sabe o no se sabe, que se tiene o no.

Frente a este tipo de mentalidad culturalmente nos han llenado de elogios, críticas, prejuicios que nos han acompañado por años y alimentado nuestro sistema de creencias limitantes. Muchas veces los seres humanos no intentamos las cosas por el temor a no pertenecer al grupo de los inteligentes o hábiles, a quien no es parte de ese grupo solo le queda una opción: ser parte del grupo de los brutos y los fracasados, y ningún ser humano quiere aceptar que no sirve.

La emoción de base acá es *el miedo a intentar y fallar*, el triunfo del otro es vivido como un fracaso amenazador: *si el otro me gana, quiere decir que yo no soy tan bueno, y él es mejor*. El fracaso no es vivido como una acción transitoria: *yo he fracasado en este objetivo*, y, por lo tanto, una oportunidad para mejorar y aprender, sino como una identidad, *yo soy un fracasado*.

Por el contrario, desde la mentalidad de crecimiento, el fracaso es vivido como un problema doloroso, que no me define, pero que me brinda la oportunidad de aprender nuevas maneras de hacer las cosas mejor y con más eficiencia.

Cuando hablamos de una mentalidad de crecimiento, hablamos de la certeza de tener que trabajar más duro, esforzarte más por aquello que disfrutas o amas, es *el triunfo de la voluntad*, es la certeza de que los talentos y potencialidades necesitan tiempo y esfuerzo para florecer.

En la mentalidad de crecimiento no se ignoran las habilidades, pero se reconoce que, sea cual sea esta habilidad, es tu esfuerzo lo que la enciende y la transforma en un logro: *insistir, persistir y nunca desistir.*

En el ámbito deportivo nos encontramos frecuentemente con mentalidades fijas, aquellos que piensan que se nace con un talento innato para practicar algún deporte en particular; es un *don*, o lo tienes o no lo tienes, nada que hacer. Sin embargo, en la vida diaria vemos como excelentes deportistas, a quienes les han hablado de su don, son opacados por jugadores más normales frente al talento, pero con un nivel de compromiso con respecto de su proceso muy superior.

Son las acciones extra que estás dispuesto a llevar a cabo, tu compromiso contigo mismo para hacerlo cada vez mejor, la constancia y la disciplina lo que te acerca al real potencial; todos podemos aprender de todo, se trata simplemente de tener claro que no porque otros lo aprendan en apariencia sin esfuerzo, de manera natural, quiere decir que yo a través del esfuerzo, la repetición y la constancia no pueda obtener los mismos logros.

Todos los seres humanos llegamos al mundo con un sistema de mentalidad de crecimiento, y son las retroalimentaciones que vamos escuchando del mundo lo que poco a poco comienza a limitarnos.

"Nadie se planteó que no era capaz de caminar o que era un fracasado simplemente porque se cayó varias veces antes de lograrlo". Simplemente todos fuimos más tenaces en nuestro esfuerzo y nuestro empeño, y comprobamos que la diferencia la marca el decir *todavía, aún* y el seguir intentándolo como si no hubiera un mañana con claridad en el objetivo.

Mohammed Alí pasó a la historia como uno de los mejores boxeadores que han existido; sin embargo, su contextura física y sus huesos no concordaban con los de aquellos que se consideraba tenían un don natural, un talento innato. Todos coinciden en que la ventaja de Alí era su fortaleza mental, el saber estudiar a su adversario y el saber mantener a su cerebro en perfectas condiciones de trabajo para contrarrestar su falta de talento natural.

Aparece así una palabra clave: **carácter**, "definida, según Dweck, como la habilidad de profundizar para encontrar la fuerza, hasta cuando las cosas están en tu contra".

Los campeones tienen en común la habilidad de vencer incluso cuando todo no va bien, pueden elevar su nivel de juego cuando lo necesitan, cuando el partido depende de ello. Simplemente lo hacen sin cuestionarse acerca de sus habilidades para lograrlo o de si su rival es más fuerte o está mejor preparado o dotado naturalmente.

Toda persona que quiera sobresalir por sus éxitos y tener la vida soñada pudiendo alcanzar su máximo potencial necesita forjar cuatro características a pulso y esfuerzo:

Carácter: Según Dweck, es lo que nos hace llegar a la cumbre y permanecer en ella. Esto solo lo logras trabajando con mayor intensidad cada vez, incluso más que la que necesitaste para llegar a la cima.

Corazón: Amor y pasión por lo que haces.

Voluntad: Intención y acción de permanecer en el camino necesario para alcanzar tu objetivo propuesto a pesar de los obstáculos encontrados.

Mente ganadora: "Las habilidades siempre mejoran si se trabaja duro para conseguirlo", señala Dweck; es una mentalidad de aprendizaje y mejora constante.

Todo lo anterior nos ha ayudado a llegar a un punto de partida para alcanzar nuestra vida soñada, ya que nuestra enorme neuroplasticidad nos brinda la capacidad de ser resilientes y reaprender a relacionarnos con nosotros mismos desde patrones de pensamientos y comportamientos diferentes, tratando de propiciar un ambiente de crecimiento sano.

Cuando ha habido suficiente repetición y suficiente impacto emocional, las creencias pasan a ser convicciones. Es importante entender que una convicción no deja lugar a la duda, a la preocupación, etc. Una convicción es un hecho irrefutable: cuando llueve, te mojas, ¡no hay más! Cuando decides transformar tus creencias sobre tus objetivos y metas en convicciones, tus sueños son un hecho irrefutable, una realidad. Pasas del miedo a que nunca se den a la fe en que se darán, hasta que se convierten en realidad.

Piensa en esas personas que van a eventos de crecimiento personal y desafían sus límites personales al retar sus creencias y caminar sobre las brasas ardiendo en fuego y salen totalmente ilesas. Su creencia de que pueden hacerlo sin sufrir ningún daño los conduce a que lo logren.

Una nueva creencia se instaura en tu mente subconsciente cuando ocurre alguna experiencia que te da los suficientes motivos para adoptarla; es por eso vital la búsqueda de evidencias que soporten esta nueva creencia. Por ello: cuando caminas por encima de las brasas, tu mente subconsciente recibe un alto impacto emocional, y es en este momento en el que las barreras existentes en tu mente entre lo posible y lo imposible empiezan a debilitarse hasta que se diluyen como el agua. Comienzas a romper tus antiguos patrones de pensamiento y creencias mentales, y a creer en que, quizás, todo aquello que te ha estado limitando hasta ahora no es más que un producto de tu mente, creado a través del condicionamiento que has recibido desde pequeño, pero que no es real, y que tú puedes diseñar y construir tu realidad.

En general, y como ya hemos visto antes, el cerebro no diferencia entre realidad y ficción, y, por lo tanto, lo que consideramos real es más importante que lo que realmente es el mundo. Si creemos con absoluta certeza y claridad, nuestra mente subconsciente lo transformará en realidad a través de nuestras acciones diarias. No tienes que ver para creer, como te lo enseñaron, tienes que creer para poder ver.

**"Si logras elevar tu sueño
a la categoría de convicción,
tendrás el éxito asegurado.
Recuerda: creas lo que crees".**

Para intervenir en el cambio de las creencias limitantes, la psicología cognitiva-conductual, propone diferentes técnicas basadas en la evidencia que demuestran su utilidad para la resignificación de lo que se conoce como errores en el procesamiento de la información. De esas técnicas dos son aplicables a un espacio como este, porque no requieren un entrenamiento específico y extensivo:

Cuestionamiento socrático: Usando preguntas como las planteadas a continuación pretende guiar a la persona a un viaje de autodescubrimiento y autocuestionamiento que le permita refutar sus miedos internos:

¿Es realista mi forma de pensar?

¿Mis pensamientos se basan en hechos concretos o en emociones e interpretaciones?

¿Qué evidencias tengo que apoyen o desmientan esta creencia?

También es importante ayudarles a las personas a través del cuestionamiento socrático a plantearse preguntas que les ayuden a definir su misión, visión y valores dentro de su proyecto de vida y proyecto profesional.

Enjuiciando sus creencias: Enseñar a una persona a hacer de abogado defensor, abogado demandante y juez de su creencia, y dar todas las evidencias a favor y en contra, para mostrarle que esas creencias que tomó por verdad absoluta tienen la posibilidad de ser modificadas, y que han existido a través de su historia, en mayor o menor grado, excepciones.

Habituación: Técnica cognitiva que permite al individuo realizar acciones de manera automática desde la mente subconsciente por medio de la repetición y la creación de hábitos.

Adicionalmente, es importante que las personas sepan que existen estrategias de reprogramación para la mente subconsciente:

Lo primero que debemos hacer para poder guiar y apoyar frente a las creencias limitantes es identificarlas. Para eso podemos hacer ejercicios como los planteados por Gutiérrez y Scheele:[31]

1. **Haz una lista** de las características positivas y negativas de las personas que te cuidaron desde tu nacimiento hasta los 15 años. Luego de hacer esa lista, pregúntate qué era lo que realmente querías y esperabas obtener de tus cuidadores.

   Luego de esto pídele a una de esas personas que haga una lista de las frustraciones recurrentes en tu vida y cuáles fueron tus acciones para superar esos obstáculos que te ibas encontrando.

   Pídele a esa persona que escriba todo aquello que quiere ser, sentir, hacer o experimentar en su vida.

2. **Saber lo que no quieres:** Ayuda a comenzar a aclarar y a poner en perspectiva lo que sí quieres.

---

31 Gutiérrez, D., Scheele, S. (2016), *Consigue tu Imposible. Los 6 Pilares del Alto Rendimiento Deportivo.* FutbolDLibro, S.L.

3. **Saber lo que quieres:** En este momento es de gran ayuda e importancia que tus pensamientos y emociones se alineen.

4. **Dar claridad y poner detalles a lo que quieres:** Pídele a la persona que use lenguaje descriptivo para crear la nueva persona que quiere ser, incítala y motívala a usar técnicas como la visualización, la construcción de los paneles de imágenes, la construcción de afirmaciones positivas, etc.

5. **Actúa como si fuera cierto y agradece en presente:** En inglés hay una frase que yo uso frecuentemente en terapia: "Fake it, until you make it" ("Fíngelo hasta que lo logres"). Pídele a tu ser querido que empiece a vivir el día a día como si ya se hubiera convertido en ese nuevo yo, como si ya hubiera alcanzado sus logros y metas y tuviera en el presente esa vida que sueña. Pídele que se sienta feliz y agradecido por ser la persona que siempre soñó y logró alcanzar.

Como dice un reconocido futbolista colombiano:

**"Un día lo pensé, un día lo soñé
y un día lo logré".**

Fredy Alejandro Guarín Vásquez

6. **Déjalo ir y actúa:** Pídele a esa persona que confíe en el proceso y en los recursos internos que posee mientras continúa desarrollándose y suelta la necesidad de control. Que se enfoque en el esfuerzo, la constancia y la perseverancia que debe poner en las acciones necesarias para acercarse a su meta.

Usa técnicas de visualización de manera constante con la persona: entre más detallados estén los sueños y las acciones que debe emprender para hacer realidad lo que espera lograr, más efectiva será la visualización.

En 1954, cuando Roger Bannister logró correr una milla en menos de cuatro minutos, dijo que ya lo había logrado en repetidas ocasiones en su mente.

Enséñale a esa persona técnicas de atención plena; puede ayudarle el hacer uso de las técnicas de reentrenamiento de la respiración, por medio de la respiración cuadrada, respiración en estrella, entre otras.

Si es posible enséñale la técnica de relajación progresiva de Jacobson (también conocida como tensión-relajación): le será de gran ayuda para diferenciar la tensión experimentada en su cuerpo y saber cómo relajarse.

Será importante también enseñarle a aproximarse a las situaciones con mente de principiante[32] (donde es receptivo y positivo frente a la situación y no utiliza los juicios preconcebidos) y una mentalidad de crecimiento, donde tiene una posibilidad ilimitada de crecimiento y aprendizaje constante, y cuando no logra su objetivo, tiene claro que está en el proceso adecuado para conseguirlo y que solo debe seguir intentándolo una y otra vez hasta lograrlo.

Insístele en la importancia de usar lenguaje descriptivo y no calificativo, como está escrito en el libro *el juego interior del tenis*,[33] son los calificativos *bueno* o *malo*, y la necesidad de aprobación externa, lo que comienza a generar la interferencia de la mente consciente o Yo # 1 tratando de controlar nuestras acciones y, por medio de la duda, interfiriendo con la sabiduría natural de la mente subconsciente o Yo # 2.

Cerciórate de enseñarle la técnica del escalador para incrementar su nivel de autoconfianza; acompáñalo en el proceso de ir alcanzando los objetivos, comenzando desde lo más pequeño y realizable, con sus habilidades o destrezas y el esfuerzo requerido, hasta que poco a poco vaya logrando objetivos más complejos y que requieren que haya ampliado su abanico de estrategias y habilidades.

---

32 Cuando hablamos de *mente de principiante* hacemos referencia a la actitud que tienen los niños cuando ven las cosas por primera vez: el permitir explorar sin juicio, intentando comprender cómo funciona y manteniendo la sorpresa.

33 Gallwey, T. W. (2014). *El juego interior del tenis*. Editorial Sirio.

Definitivamente, eliminar nuestros miedos, mientras comprendemos que el miedo se camufla y disfraza de múltiples maneras, presentándose en formas tan diversas como la pereza, la procrastinación, las excusas, las dudas, entre otras, es el primer paso para conquistar el camino hacia una vida más plena y satisfactoria.

Preguntas varias que pueden ayudar a las personas en el proceso de eliminar sus miedos:

¿Cuáles son los miedos que impiden tu crecimiento y desarrollo?

¿De dónde salen estos miedos?

¿Estos miedos te ayudan y acercan a llevar una vida plena?, ¿o te alejan de tu objetivo de tener una vida placentera y con éxito?

Mindfulness
o conciencia plena

Nazareth Castellanos, en su libro *El espejo del cerebro*,[34] describe el *mindfulness* con una frase de Jon Kabat-Zinn: "Una vuelta a casa que nos invita a volver a saber estar con nosotros mismos". Comparto plenamente esta afirmación; el beneficio real que ofrece la práctica del *mindfulness* es el de centrarnos en un viaje hacia dentro, donde cada ser humano se preocupa por su crecimiento y desarrollo personal, y aquello que está dentro de su zona de influencia, ya que forma parte de su mundo interno, entendiendo que la mente puede ser nuestro mejor aliado o nuestro peor enemigo o juez.

Cuando hablamos del *mindfulness*, necesitamos hablar un poco de las sociedades orientales, su práctica de la meditación y el ritmo al que viven en su día a día.

Hace muchos años un grupo de neurocientíficos comenzó a notar las diferencias en el funcionamiento del cerebro existentes entre las personas que hacían meditación y las que no, y sobre todo a estudiar y a recolectar evidencias científicas del impacto positivo en la reducción del estrés en el organismo.

---

34 Castellanos, N. (2022). *El espejo del cerebro.* Editorial La Huerta Grande (p. 40).

Es así como Jon Kabat-Zinn, médico estadounidense, comenzó desde los años 70 a proponer el uso de la atención plena en el ámbito clínico como una herramienta para obtener objetivos terapéuticos, desarrollando así lo que se conoce como MBSR (*Mindfulness-based stress reduction*) o, en español, reducción del estrés basada en la atención plena. El objetivo era estudiar y enseñar los elementos terapéuticamente útiles provenientes de la meditación budista, quitándoles el componente religioso.

Los componentes del *mindfulness* terapéuticamente útiles para la reducción del estrés son:

1. **Atención al momento presente:** Hace referencia a la importancia de centrarse en el aquí y el ahora, el momento actual como lo único que tenemos, en lugar de estar pendientes del pasado (rumiaciones) o del futuro (expectativas, deseos y temores, mediados en ocasiones por la anticipación catastrófica). Aprender a estar presentes sin estar ausentes.

2. **Apertura a la experiencia:** Se refiere a la capacidad de observar la experiencia de manera descriptiva sin interponer el filtro de las propias creencias o expectativas. En otras palabras, observar la experiencia como si fuera la primera

vez, cualidad que en el zen se denomina *mente de principiante*. También implica permanecer abiertos a vivenciar la experiencia negativa y observar lo que ocurre con curiosidad.

3. **Aceptación:** Hace referencia a la necesidad de experimentar los eventos plenamente y sin defensas, tal y como son. También sugiere la importancia de no oponer resistencia al fluir de la vida. Y la aceptación del concepto de temporalidad, porque todo al completar su ciclo está destinado a desaparecer.

4. **Dejar pasar:** Consiste en la capacidad de desprenderse y desapegarse de algo a lo que nos aferrábamos. Una de las características de los seres humanos es la necesidad de acumular y aferrarse a cosas, relaciones, poder, dinero, mediada por una necesidad de controlar el ambiente que nos rodea. Frecuentemente, nos encontramos con una creencia errónea: que cuanto más poseamos, cuanto más controlemos, cuanto más consigamos, más felices seremos.

5. **Intención:** La práctica de *mindfulness* va de la mano del plantearnos un propósito, un objetivo personal que nos implique movernos para la consecución de la meta, teniendo en cuenta el disfrute del proceso centrado en el momento actual.

Nos guste o no, este momento es lo único que tenemos para trabajar; debemos entender la ley universal de la transitoriedad o temporalidad de las cosas, para así poder cambiar la manera en la que nos relacionamos con ellas, con las personas y las situaciones, entendiendo que solo de nosotros depende sacar el máximo provecho de este momento.

Con frecuencia nos arrepentimos de como vivimos en el pasado o de lo que hicimos y dejamos de hacer, y pensamos cómo quisiéramos vivir en el futuro tratando de recuperar el tiempo y pretendiendo cambiarlo todo, ignorando que estamos ante la oportunidad de agradecer y construir eso que tanto anhelamos vivir.

El presente es el momento propicio para desacelerar nuestro ritmo de vida, para que volvamos a lo básico, a hacer una cosa a la vez y a disfrutar nuestro día a día, sin prisa, sin afán, tomándonos el tiempo para disfrutar el conversar con las personas a nuestro alrededor, tomarnos un café con amigos, leer un buen libro, estar en silencio con nuestros pensamientos mientras manejamos y disfrutamos el camino; incluso, estar atascados en el tráfico y verlo con gratitud por tener un carro para transportarnos.

Es importante entender que sacar tiempo de autocuidado para realizar actividades que disfrutamos no es una pérdida, sino quizás lo necesario para llenar de nuevo nuestro tanque de energía física, cognitiva y emocional, lo que se traducirá en ser más productivos y eficientes.

Es el momento para permitirnos tener una aproximación a la vida diferente, una conexión con lo esencial, porque, como bien decía Antoine de Saint–Exupéry en *El Principito*...

"Lo esencial es invisible a los ojos".

Tenemos que aprender a ver con el corazón.

Resaltemos la sabiduría que encierra lo expresado por Antoine de Saint–Exupéry en *El Principito:* "Lo que hace especial a la rosa, que no es más que una rosa igual a muchas otras, es el tiempo que invertimos en cuidarla"; es el tiempo que invertimos en cuidarnos a nosotros mismos y a cultivar nuestras relaciones interpersonales lo que nos hará sentirnos especiales.

A veces los seres humanos nos cuestionamos si es así como queremos vivir, en una carrera constante contra el tiempo, quizás el activo más valioso que se nos repartió a todos por igual, y que pocos hemos podido aprender a valorar en su totalidad. Llegan momentos excepcionales en los que nos vemos enfrentados con situaciones complejas u obstáculos disfrazados de enfermedad, crisis económica, separaciones, pérdidas, sentimientos de vacío crónico, inutilidad, y no logramos encontrarle sentido a nuestra existencia; momentos en los que tenemos la obligación de pararnos a reflexionar, y pensar si existe una manera que nos permita por fin comenzar a vivir y disfrutar el camino de la existencia y parar de sobrevivir.

Pero qué difícil se siente el solo pensar en salirse de esta carrera absurda de lo rápido, de mantenerse ocupado, del elogio al *multitasking* y de no saber a dónde queremos llegar, el reconocer que estamos perdidos y no hemos definido el camino que queremos recorrer para ir a ese lugar tan anhelado.

Podemos usar la siguiente metáfora sobre un viaje de vacaciones para entender lo que debemos hacer con nuestra vida: lo primero que hacemos es elegir el destino que queremos visitar, y luego elegimos la manera en la que queremos llegar (avión, carro, barco, bicicleta, caminando); poco a poco elegiremos, además, las actividades que queremos realizar en el destino, entendiendo que cada destino ofrece múltiples posibilidades, todas igual de buenas entre sí, pero que nos serán más o menos afines de acuerdo con nuestra historia de vida, gustos y habilidades.

Así es el camino de la vida y la construcción de una existencia plena, donde podemos recalcular y cambiar de opinión, pero el viaje siempre será hacia adentro y enfocado en el disfrute.

Todos los días construimos nuestra realidad, y entendemos que el viaje es hacia mi interior y que, aunque somos seres sociables que necesitamos interactuar con otros, cada uno de nosotros debe recorrer su propio camino de aprendizaje, mediado por la autocompasión y comprender que en todo momento hacemos lo mejor que podemos con lo que sabemos. "Caminante no hay camino, se hace camino al andar".

Llegó el momento de desconectarnos de esa sensación de que todo es urgente y debe ser atendido de inmediato, nada puede esperar y, por lo tanto, no sabemos cómo priorizar y mucho menos poner límites saludables sin sentirnos culpables.

El solo detenernos a pensar en eso genera estrés y ansiedad, una sensación de incapacidad para resolver las demandas del medio de manera eficiente y ser prescindibles en cualquier momento, no encajar por falta de eficiencia, y nos esforzamos más para poder hacer más cosas en la misma cantidad de tiempo.

Llegó el momento de desconectarnos de la tecnología, de la necesidad de aprobación, la gratificación inmediata, la necesidad de alimentar el ego y sentir que la anhelada felicidad es un premio al final de un esfuerzo sobrehumano por satisfacer necesidades creadas e impuestas por otros; debemos pensar en la calma, la paz interior, la capacidad de asombro, la tolerancia, el respeto por la diferencia, estar presentes en nuestro día a día.

Practicando estos conceptos logramos enfocarnos en disfrutar el momento presente, el proceso que estamos llevando a cabo. Es ahí donde podemos realmente experimentar la felicidad, en la conciencia de estar viviendo a plenitud la oportunidad que se nos da de experimentar cada momento.

Es frecuente escuchar acerca del *mindfulness* o habilidades de conciencia plena, se volvió un tema de moda, ¿pero realmente qué es el *mindfulness*, para qué sirve y de qué va? El *mindfulness* hace referencia a unas habilidades que permiten centrarnos en el momento presente.

Existe suficiente evidencia científica que demuestra su utilidad para disminuir el cortisol (hormona que libera nuestro cuerpo al enfrentarse a situaciones generadoras de estrés) en la sangre.

Este tipo de habilidades enseñan a los seres humanos a incrementar su nivel de autoconciencia, y con ello poco a poco va aumentando nuestra inteligencia emocional, lo que va a llevar a una mejor autorregulación emocional y una adecuada aceptación de que los pensamientos no son hechos y las sensaciones físicas no deben ser interpretadas como señales de alarma o peligro inminente.

**Meditación
para principiantes**

Algunos beneficios de la práctica frecuente del *mindfulness*:

El estar en el momento presente nos va a ayudar a ser más conscientes de las emociones propias y de las de los otros, lo que puede convertirse en una mejora en la gestión emocional y, por lo tanto, tendrá un impacto positivo frente a la calidad de las relaciones interpersonales.

Igualmente, al lograr enfocarnos en el momento presente iremos desarrollando la capacidad de aquietar nuestra mente; al tenerla más libre de pensamientos intrusivos y rumiantes, tendremos menos preocupaciones y notaremos un incremento en la creatividad.

Como su nombre lo dice, el *mindfulness* tiene un impacto positivo directo en nuestra capacidad de concentración y atención. Nuestra cultura ha hecho que elogiemos el *multitasking*, pero nuestro cerebro fue diseñado para trabajar a través de la jerarquización de tareas, enfocándonos en una cosa a la vez.

Al practicar *mindfulness* lograremos mantener las distracciones a raya, incrementando nuestra atención en la tarea que nos concierne en este preciso momento.

Según Nazareth Castellanos, el profesor Yi-Yuan Tang, de la Universidad de Texas, ha logrado demostrar que la meditación aumenta el grosor y la actividad de la corteza cingulada anterior, lo que tiene un impacto benéfico sobre los procesos atencionales del ser humano, y que este beneficio se obtiene con tan solo cinco días de hacerlo, y, a las ocho semanas de haber establecido la práctica, estos beneficios no solo se presentan al meditar, sino que se observan durante todo el día, logrando así la reorganización cerebral y creando cambios estructurales en el cerebro.

Hay estudios que demuestran que la práctica constante de *mindfulness* ayuda a combatir el insomnio, debido a que estas habilidades propician la relajación del organismo y la disminución de las preocupaciones. Esto se ve reflejado en un menor nivel de activación cortical, que lleva a un estado favorable para facilitar la conciliación y el mantenimiento del sueño y mejorar la calidad de este.

Practicar *mindfulness* disminuye significativamente la ansiedad, el estrés y la inflamación crónica del organismo, ya que, al disminuir el estrés, disminuye el nivel de cortisol que es segregado por el organismo. La inflamación crónica se traduce a su vez en la posibilidad de desarrollar enfermedades como la hipertensión, los problemas cardíacos, los trastornos del estado de ánimo y la ansiedad, entre otras.

Este es quizás el beneficio más estudiado e investigado con rigurosidad y por el cual el *mindfulness* es más conocido en el mundo. La práctica continua de *mindfulness* ayuda a obtener una claridad mental y una calma interior que permite actuar con serenidad, reduciendo los niveles de cortisol y ayudando al organismo a detectar las respuestas de estrés y ansiedad en sus primeras fases, lo que se traduce en la intervención temprana para disminuir o evitar la cronificación de estas.

La ciencia respalda un camino hacia una vida más serena: el *mindfulness* y la meditación. Estudios revelan que aquellos que abrazan estas prácticas muestran una reducción significativa en sustancias inflamatorias, disminuyendo así las hormonas del estrés. ¿Lo más sorprendente?: el aumento del BDNF, el *fertilizante cerebral*, lo que promueve el crecimiento neuronal y una mayor conectividad. Este beneficio, conocido por el ejercicio y los antidepresivos, se encuentra ahora en el poder de la mente tranquila.

Sin duda alguna, el mayor beneficio que puede otorgar el *mindfulness* a tu vida es permitirte alinear las actividades que decides incluir en tu día a día con esos valores individuales que rigen tu manera de estar en la vida, permitiéndote cuestionarte si esas actividades aportan valor a tu experiencia vital y están alineadas con el propósito que decides darle a tu vida, o simplemente son actividades distractoras que te mantienen sobreviviendo y realizan un aporte importante para incrementar tu ego.

¿Cómo podemos comenzar a entrenar nuestra mente en sostener nuestra atención en una cosa a la vez y practicar así la conciencia plena?, ¿cómo frenar el impulso de acción para poder comenzar a aplazar la gratificación y regular nuestras emociones?

Todos podemos empezar a incorporar en nuestros días pequeños momentos de respiro, donde decidamos de manera consciente conectarnos y anclarnos; puede ser mientras nos bañamos, mientras vamos conduciendo, mientras vamos caminando, haciendo ejercicio, incluso en los momentos destinados a la alimentación.

Podemos comenzar a enfocar nuestra atención a las sensaciones físicas percibidas por nuestros órganos de los sentidos, siendo conscientes de los pensamientos que lleguen a nuestra mente, pero dejándolos fluir y redirigiendo la atención a la sensación física en la que decidimos anclarnos.

Algunos ejercicios para incorporar el *mindfulness* en nuestra vida cotidiana pueden ser:

- En la mañana, mientras te estás bañando, siente la sensación de las gotas de agua cayendo en tu cuerpo, concéntrate en las sensaciones corporales que se despiertan en ti con el contacto del jabón en tu cuerpo; al enjuagarte siente la diferencia del agua como resbala por tu cuerpo cuando ya no hay jabón; deja que los pensamientos que llegan a ti se vayan, continúen su camino, reconócelos, advierte su presencia, pero no te detengas ante ellos.

- Mientras tomas tu café (reemplázalo por cualquier bebida que consumas en la mañana al iniciar tu día), quiero que tomes un sorbo y mantengas el líquido en tu boca, siente las sensaciones que se despiertan en tu boca; ahora ve pasando el líquido poco a poco por tu garganta, sé consciente de lo que se genera en tu cuerpo. Por último, quiero que te enfoques en como cae el líquido en tu estómago, qué sensación te genera en tu cuerpo. Nuevamente recuerda que es normal que a través del ejercicio lleguen pensamientos diferentes a tu mente; reconócelos y no te juzgues, recuerda que cualquier aprendizaje requiere tiempo y práctica.

Estos son ejemplos sencillos y claros de cómo puedes incorporar el *mindfulness* a tus actividades diarias sin que sientas que riñen con el poco tiempo que crees tener y que no te alcanza para hacer todo lo que debes hacer; lo ideal es encontrar el espacio en tu día para realizar, de manera consciente y exclusiva, esta actividad que formará parte de tus hábitos de autocuidado.

- Al momento de sentarte a la mesa para comer tus alimentos, observa el impulso de acción de coger los cubiertos y aplázalo por 15 segundos; cuando sientas sed, no tomes agua de inmediato: aplaza la satisfacción de tu impulso de acción mientras observas el agua durante 15 segundos.

- Algunos ejercicios que podrías incorporar, pero que requieren un tiempo adicional, exclusivo para esto, incluyen la meditación guiada, teniendo en cuenta la importancia de observar y reconocer tus pensamientos de manera tranquila, sin juicios, de manera neutra, con gratitud y dejándolos fluir.

- Al regresar a tu casa al finalizar una nueva jornada, descarga todo y dirígete hacia un lugar donde puedas elegir una posición corporal cómoda mientras te dispones a respirar; con cada inspiración de aire profundo te estás enfocando en cómo tus pulmones se van llenando de aire y cómo cada burbuja de aire va atravesando tu cuerpo y va llenándose de salud; cada inspiración trae calma a tu interior y en cada exhalación salen de tu cuerpo las angustias, las preocupaciones, los temores y los miedos. Nuevamente quiero que realices una inspiración profunda e imagines en tu mente cómo el aire va recorriendo todos los órganos de tu cuerpo, mejorando la circulación y disminuyendo la inflamación; al exhalar y vaciar completamente tus pulmones eres consciente de cómo se van diluyendo los pensamientos negativos y catastróficos acerca de cosas que están por fuera de tu zona de control.

Todos poseemos una gran sabiduría interior; sin embargo, hoy continuamos desconociendo el funcionamiento de nuestra mente, aún no logramos comprender cómo se producen los pensamientos, las emociones, y qué puede influir en la regulación de nuestro comportamiento o en el frenar los impulsos.

Necesitamos aprender a desapegarnos de los reforzadores sociales útiles para nuestro ego, a desacelerar nuestro ritmo, a aceptar, tolerar y dejar estar las sensaciones displacenteras y generadoras de malestar; pero, sobre todo, necesitamos aprender a perdonarnos y reconciliarnos con nuestro propósito en la vida, e incluso decidir activamente otorgarle un sentido a nuestra existencia.

Nuestras sociedades, por medio de los condicionamientos sociales, han ayudado a incorporar creencias, estándares sociales y deberes que van encadenándote mentalmente y que, disfrazados de miedo, van limitando tu libertad para permanecer en calma y sentirte feliz. Cuesta ir en contra de la corriente, no compararte y no pretender hacer lo mismo que otros, cuesta mantenerte fiel a tus deseos y simplemente ocuparte de florecer, enfocándote en desarrollar la mejor versión de ti mismo, sin ego ni interés, solo enfocado en el disfrute y la serenidad que te otorga el poder del ahora.

Parte del reto al que nos enfrentamos en la cotidianidad, dentro de la búsqueda de propiciar, recuperar y mantener la salud mental, es el entender que nuestros pensamientos no son hechos, y que nuestro cerebro no diferencia la realidad de la ficción:

aprende lo que decidamos enseñarle. Por lo tanto, es importante centrarse en el momento presente, entendiendo y aceptando las cosas como son sin conservar expectativas de cambio.

El impulso de acción que se genera en el cerebro hace referencia a la urgencia que sientes cuando tienes el deseo de hacer algo, esas sensaciones corporales que se encargan de incitarnos a un comportamiento específico. Este va precedido generalmente de una emoción, que a su vez va precedida de un pensamiento que se generó frente a una situación en particular.

Todas las cosas que nos producen placer, como son el alimento, el afecto físico, los estímulos sociales y el juego, utilizan el mismo circuito neuronal que se encarga de la recompensa y el placer y que llevan a que se libere dopamina en el *núcleo accumbens* del cerebro, un grupo de neuronas especializadas, lo que a su vez llevará a repetir un comportamiento.

La búsqueda de la felicidad que solemos compartir con otros seres humanos se traduce así con ayuda del *mindfulness* en el querer una vida más tranquila, sencilla y serena, atravesada por la aceptación radical, la gratitud y el cultivo de la mente de principiante.

Meditación
Cultivando gratitud

En este libro quisiera dejarte la guía necesaria para que comiences a conocer y se despierte en ti la curiosidad frente a cuatro tipos de habilidades *mindfulness:*

1. **Mirada de principiante**
2. **Mente sabia**
3. **Camino del medio**
4. **Aceptación radical**

Quizás una de las habilidades *mindfulness* más lindas es la **mente de principiante,** que se trata de la capacidad de mirar cada situación o cosa con la aproximación y asombro que lo hiciste la primera vez que te encontraste con ello, sin prejuicios, con capacidad de deslumbrarte y con la posibilidad de ver con una mirada optimista, sin juicios ni expectativas.

Meditación para
serenar la mente

La mente sabia hace referencia a desarrollar la capacidad de tomar decisiones para nuestra vida, teniendo en cuenta el proceso de pensamiento crítico y racional, mientras permite que la calma retorne a las emociones para readquirir un equilibrio emocional.

El entrenamiento de la mente sabia consiste en lograr diferenciar de manera crítica y reflexiva los pensamientos que llegan a mi mente, y cómo estos se relacionan con el momento que estamos viviendo y no con una vivencia pasada parecida o igual que desencadena una memoria emocional angustiante, lo que impediría que podamos vivir la experiencia como algo nuevo que brindará un aprendizaje para solucionar la experiencia presente en el aquí y el ahora.

Ahora bien, cuando en el budismo se habla del **camino del medio,** hace referencia a las acciones y actitudes orientadas a generar felicidad para nosotros mismos y para aquellos que nos rodean, y para esto trata de propiciar la elección del camino del medio, entendiendo que cada situación posee dos extremos y ninguno de los dos es el indicado para vivir en calma. Entendiendo así que:

"La vida es, en sí misma, la máxima expresión de la armonía de las contradicciones".

Por último, es importante en nuestro proceso de aprendizaje orientado a vivir una vida tranquila y libre de apegos, liberarnos de las expectativas y de la necesidad de control, aceptando que hay muchas cosas por fuera de mi alcance y que no dependen de mí, enfocándome en la mejora constante de lo que esté dentro de mi alcance para que se alinee con los valores con los que me identifico, pero aceptando al otro o a las situaciones como son y no como quisiera o esperaría que fueran; es esa brecha que existe entre mis expectativas y la realidad lo que genera el sufrimiento.

Para ilustrar la importancia de la **aceptación radical** quisiera que leyeran un cuento especial, corto, simple, pero con una gran enseñanza de fondo.

[35]Cierto día llega un anciano donde un médico para ser revisado, ya que lo aquejaban fuertes dolores. En la consulta dice el anciano, cuando el médico comienza a preguntarle que lo llevaba por su consultorio y en qué podía ayudarle:

—Siento dolores muy fuertes en la espalda. Quiero moverme como antes, pero no puedo hacerlo.

A lo que el médico responde, comenzando así un diálogo entre ellos:

—Es por tu avanzada edad.

—Ya no estoy en mis cabales. Pierdo la memoria y olvido las cosas.

—Sí, porque eres viejo –dijo el médico.

—También estoy perdiendo la vista.

—Es la vejez –dijo el médico.

—Y me cuesta digerir lo que como.

—Desde luego, ya no estás en edad de comer cualquier cosa –dijo el médico.

—Siento que mis manos tiemblan. Ya no me responden como antes.

—Es normal, eres viejo –dijo el médico.

De repente, el anciano se enfadó:

—¡Idiota!

---

35 *Viejo, cuento Sufi sobre la aceptación de nuestra realidad.* Contarcuentos. https://www.contarcuentos.com/2019/06/viejo-cuento-sufi-aceptacion/

—Pero ¿por qué te enfadas conmigo y me tratas así?

—¡Eres más ignorante que un burro! ¡Dios ha creado remedios para todas las enfermedades, pero tú los ignoras! Todo lo que me dices es que soy viejo.

Sí, tienes la razón —dijo el médico. Y tan sólo por eso te enfadas.

Muchos problemas o situaciones que se nos presentan en la vida no tienen solución, simplemente nos invitan a aceptar nuestra realidad y nuestras limitaciones.

Es importante, querido lector, que te quede claro que el *mindfulness* no busca ayudarte a resignarte y a no tener sueños y luchar por ellos; por el contrario, busca entregarte herramientas que te posibiliten construir una vida que para ti valga la pena ser vivida, con serenidad en el proceso y enfocándote en entender que la felicidad es una decisión que se toma una y otra vez, un compromiso contigo mismo basado en lo único que posees: el momento presente. Te invita a salir de tu zona de confort, a dar tu esfuerzo perfecto orientado a ver tus sueños hacerse realidad.

Para esto quisiera contarles otro cuento lleno de sabiduría, que muestra cómo los seres humanos somos capaces de desplegar nuestras habilidades y llegar a lo que creíamos fuera de nuestro alcance cuando nos vemos enfrentados a la necesidad, el sufrimiento que nos sacude y hace salir de nuestra zona de confort.

[36]Un día un maestro budista, el más sabio de todo el monasterio, le pidió a un discípulo que lo acompañara en una larga travesía para recorrer el mundo, ya que los grandes secretos y aprendizajes en la vida se encuentran recorriendo el camino. Alistaron unas cuantas provisiones y algo de ropa y partieron muy de madrugada con un destino incierto.

Pasaron tan solo unos días, y junto a la poca ropa que llevaban se fue acumulando el cansancio. Un día, muy entrada la noche, casi al amanecer, divisaron en el horizonte una casa y se dirigieron allí para solicitar ayuda con un poco de comida y para pasar la noche resguardándose del frío. Sin embargo, los habitantes de aquella humilde casa con poco contaban. Las paredes eran frágiles y apenas se mantenían en pie y los campos a su alrededor estaban desiertos. Aun así, el maestro le dijo al discípulo que tocara a esa puerta y solicitara la ayuda a quienes vivieran dentro y el joven discípulo lo hizo.

La familia fue muy amable y les recibió con los brazos abiertos. Les advirtieron que eran muy pobres y tenían muy poco que ofrecer, pero que de todos modos les harían un lugar para que durmieran y compartirían un poco de sus escasos alimentos.

---

36 Cruz, C. (2019). *La vaca.* Taller del Éxito (pp. 27-30).

Cuando todos estaban a la mesa compartiendo la cena, el maestro les preguntó de qué vivían. Ellos respondieron que tenían una vaca. Ella les daba leche. Con esta hacían quesos y mantequilla. Vendían todo en la aldea y así conseguían todo lo necesario para vivir.

El maestro guardó silencio. Después de un rato de estar compartiendo todos juntos en la mesa, les informó que él, junto con su discípulo, se irían muy temprano en la mañana al otro día. Se aseguró de agradecer a la familia por su amabilidad, la confianza, el haberles permitido refugiarse en su casa y además compartir la cena con ellos.

Luego de esto, se retiró a dormir hasta que salieron las primeras luces del alba. Tanto el maestro como el discípulo se levantaron y se dispusieron a marcharse de allí para continuar su camino.

Tan pronto salieron de la casa, el maestro le dijo a su discípulo: **"Es hora de que aprendas tu primera gran lección".** Luego le pidió que fuera hasta el establo, sacara la vaca y la tomara para llevarla con ellos. El discípulo dudó. ¿Cómo era posible que su maestro le estuviera pidiendo algo semejante? ¿Qué clase de lección era esa de robarle a una familia humilde? Sin embargo, como era su costumbre, creyó en su maestro y le obedeció.

Los dos partieron con la vaca y continuaron su camino. Cuando habían caminado tan solo un par de millas, llegaron a un lugar lleno de riscos y en donde también había un barranco. Entonces el maestro le pidió al discípulo que arrojara a la vaca por el barranco. Nuevamente el discípulo dudo. ¿Era malo su maestro? ¿Qué sacaba con hacerle semejante daño a esa familia? En ese momento el alumno ignoraba el sentido de lo que su maestro intentaba enseñarle.

Sin embargo, nuevamente el joven hizo lo que le pidió su maestro. Tomó a la vaca, que se resistía, y haciendo un gran esfuerzo cumplió con las órdenes de su maestro. La vaca cayó por el barranco y los dos prosiguieron su camino. El maestro sonreía y el discípulo no sabía por qué. Tampoco entendía qué clase de lección le estaba dando.

Luego de esto el maestro y su discípulo recorrieron muchos otros lugares. En cada uno de ellos, el joven alumno aprendió muchas lecciones sobre los secretos de la vida. Pasaron varios años y el sabio, a quien se le había encomendado su educación, pensó que la etapa de formación ya había terminado, por lo que decidió que era tiempo de que regresaran al monasterio.

El joven estaba muy tranquilo y muy feliz. Se sentía otro y había tenido grandes aprendizajes de vida. Sin embargo, frecuentemente lo atormentaba el recuerdo de esa humilde familia a la que habían despojado de su sustento a pesar de que ellos habían sido tan amables y generosos. Por más que lo pensaba, no lograba encontrar el sentido de esa lección. Ese fue el motivo por el cual, tan pronto tuvo la oportunidad, decidió regresar al lugar en donde había sucedido todo, quería ver a esa familia y sentía que debía pedirles perdón.

Al llegar, el sitio poco se parecía al que recordaba en su mente. En lugar de la humilde casa que había visitado con su maestro, ahora había encontrado una hermosa vivienda. Los campos abandonados de antes eran ahora fértiles y llenos de vida. Con sigilo y cierto remordimiento, el joven tocó a la puerta y cuál fue su sorpresa cuando le abrieron sus anfitriones del pasado, quienes ahora se veían muy felices.

Estaban muy contentos y alegres de verlo. Le contaron que la vaca había desaparecido, justo después de que ellos habían pasado por allí. Debido a la necesidad que tenían, esto les había obligado a trabajar sus campos y a arar la tierra para poder sembrarlos, lo que les ayudó a establecer nuevas relaciones de comercio. Les había ido bien y, por lo tanto, habían logrado progresar económicamente como familia.

Pudo así el joven discípulo entender por fin la enseñanza de su maestro y apreciar el gran beneficio que los seres humanos obtienen al forzarse a salir de su zona de confort.

Alimentación consciente para potenciar la adecuada nutrición cerebral

Como debes intuir a estas alturas del libro, querido lector, es mi intención llenarte de herramientas prácticas que puedas utilizar en la consecución, mantenimiento o mejoramiento de tu salud mental o la de esa persona que tanto quieres. Creería que ya comprendes que somos seres **biopsicosociales** y, por lo tanto, para obtener una salud que nos lleve a un estado de bienestar, debemos procurar intervenir y realizar modificaciones activas que potencien la biología, ese componente genético, la psicología, que hace referencia a nuestro cerebro y nuestra mente, y lo social, que hace referencia a la intervención en el ambiente necesaria para encontrar el tan anhelado equilibrio y recobrar la homeostasis de nuestro cuerpo.

Ya está estudiado y demostrado que muchos trastornos de ansiedad y depresión son generados por la inflamación en el cerebro, como un mecanismo evolutivo de defensa. Esa inflamación con frecuencia se origina en el intestino, que termina inflamando la microglía (conjunto de células inmunitarias que se encuentran modificadas dentro del cerebro).

Durante años se ha reconocido la existencia de un eje intestino-cerebro; hoy en día se sabe que existen neuronas en nuestro intestino que influyen en el funcionamiento de nuestra zona gástrica; de hecho, se le conoce como el segundo cerebro o cerebro emocional, y existe evidencia científica que nos permite concluir que la mayor parte de la serotonina, neurotransmisor conocido como el químico encargado de la felicidad, se fabrica en el intestino.[37]

El cerebro tiene un impacto real en nuestra microbiota (microorganismos alojados en nuestro intestino que se encargan de mantenerlo en equilibrio y propiciar la eubiosis); cuando el cerebro se ve enfrentado a situaciones que generan estrés, da la orden de producir hormonas conocidas como las hormonas del estrés (cortisol, adrenalina y noradrenalina), las cuales tienen una influencia conocida y estudiada en el intestino, debido a que le mandan una señal al cuerpo de aviso, *¡eh, aquí pasa algo!, necesitas inflamarte para defenderte, ¡nos encontramos en peligro!* Esto genera la temida inflamación y perpetúa y mantiene la disbiosis de la microbiota intestinal.

Una microbiota alterada puede producir inflamación y un cerebro inflamado no posee la habilidad necesaria para tomar las mejores decisiones.[38]

---

37 Arponen, S. (2021). *¡Es la microbiota, idiota!* Centro de Libros PAPF, SLU. Alienta, Editorial Planeta (p. 173).
38 Arponen, S. (2021). *¡Es la microbiota, idiota!* Centro de Libros PAPF, SLU. Alienta, Editorial Planeta (p. 179).

Para tener una microbiota sana y en equilibrio requerimos de componentes como una alimentación consciente realizada con menor frecuencia, disminuir los factores estresantes e incrementar nuestro gasto energético a través de la actividad física.

Escribir un apartado acerca de las modificaciones en los hábitos de vida, tiene como objetivo guiarte y motivarte en la implementación de cambios en la alimentación y hábitos de actividad física (variando frecuencia e intensidad de movimiento), si en realidad es tu deseo realizar acciones potenciadoras de la salud mental que terminen teniendo un impacto positivo en tu bienestar general.

Con el avance de la ciencia se nos ha permitido comprender la importancia de tener una buena nutrición a través de una alimentación consciente, unos buenos estímulos cognitivos y afectivos para que nuestro cerebro pueda funcionar adecuadamente y desarrollar todo su potencial, evitando así que se vuelva débil y vulnerable.

El cerebro se encuentra influenciado positiva y negativamente por lo que comemos, o como me gusta pensar: somos lo que no comemos.

La alimentación y los nutrientes que obtenemos de los alimentos que ingerimos pueden influir sobre las macroestructuras y las microestructuras cerebrales, y sobre la función de los neurotransmisores.

Es conocido que la malnutrición y desnutrición ejercen una influencia directa sobre el desarrollo cognitivo, y pueden generar alteraciones cerebrales.

Podemos resaltar la alimentación como el factor ambiental que logra ejercer la mayor influencia sobre el funcionamiento y desarrollo de las células neuronales a través de todo nuestro ciclo vital, para permitirnos desarrollar nuestro mayor potencial y mantener una adecuada reserva cognitiva.

¿Cuál es la razón para insistir en la importancia y necesidad de trabajar sobre la epigenética a través de la modificación de hábitos alimenticios y de movimiento para propiciar así un estilo de vida saludable? Existen varias: entre ellas es conocido que una dieta saludable disminuye el estrés oxidativo y aumenta la cantidad de triptófano disponible para la producción de melatonina y serotonina, sustancias que cumplen un papel importante en nuestra cantidad y calidad de sueño (componente esencial para la reparación celular) y nuestro bienestar y felicidad.

Al mejorar el eje hipotálamo, pituitario-adrenal, podemos modular y disminuir los niveles de cortisol y esteroides que se convierten en sustancias neurotóxicas; puede mejorar significativamente el proceso de neurogénesis, la creación de nuevas neuronas. También logra una mejoría en la salud del intestino y su microbiota, se reduce el estrés oxidativo y los procesos inflamatorios nocivos.

Hoy en día existe abundante evidencia científica que soporta la relación directa entre la alimentación y la salud mental, y ya se conoce la acción de algunos antioxidantes, oligoelementos, aminoácidos, ácidos grasos esenciales y el ácido fólico.

Si nos proponemos hablar de una alimentación adecuada para mantener un cerebro saludable, debemos empezar por aclarar lo que se entiende por cerebro saludable. El cerebro es un órgano proporcionalmente pequeño en peso y tamaño con respecto al resto de nuestro cuerpo: representa tan solo el 2 % de nuestro peso corporal; sin embargo, consume el 20 % de nuestra energía diaria, y no posee reservas energéticas (no logra almacenar y guardar energía para después); la consume toda al instante realizando cada una de sus funciones, por lo que depende exclusivamente de la circulación sanguínea para obtener toda su energía.

Contiene aproximadamente 100.000 millones de neuronas (cada día se forman aproximadamente entre 700 y 1500 neuronas nuevas), que a su vez se comunican conectándose entre sí a través de 1000 billones de conexiones sinápticas (de ahí la teoría de Sebastian Seung "somos nuestro conectoma")[39]

---

39 Richly, P., Vilaro, S., O'nell, s., Bustin, J., Martinez, D. (2014). Comida para un Cerebro Saludable (pag. 8). Clínica de Memoria INECO e Instituto de Neurociencias de la fundación Favaloro. FINECO. Buenos aires: Argentina.

Sebastian Seung:
yo soy mi conectoma

Nuestro cerebro comienza a formarse en las primeras semanas del embarazo; se desarrolla de atrás hacia adelante para completar su desarrollo al final de los 20-25 años de edad, terminando con la maduración de la corteza prefrontal. De nosotros como seres humanos dependerá conservarlo en óptimas condiciones y funcionamiento a pesar del envejecimiento progresivo debido a la edad.[40]

¿Por qué en un libro de salud mental me tomo la molestia de hablar de nutrición? Es importante mantener un cerebro saludable para propiciar su óptimo funcionamiento. ¿Qué es y para qué sirve nuestro cerebro?, ¿qué son los neurotransmisores y cuáles son sus funciones?

Los neurotransmisores son los mensajeros de sustancias químicas que transportan, impulsan y equilibran la comunicación entre las neuronas y las células diana en todo el cuerpo; son encargados

____

40 Richly, P., Vilaro, S., O'nell, S., Bustin, J. y Martínez, D. (2014). *Comida para un cerebro saludable* (pág. 9). Clínica de Memoria INECO e Instituto de Neurociencias de la Fundación Favaloro. FINECO.

de controlar funciones tan importantes como la respiración, los latidos del corazón, etc.

Es conocido que la comunicación entre dos neuronas se da por medio de intercambios eléctricos que reciben el nombre de sinapsis; sin embargo, las neuronas no solo se comunican entre sí, y para lograr la comunicación con otras células (neuronas o de otro tipo) necesitan cruzar una especie de puente para que el mensaje sea recibido, y eso se da en el espacio que existe al final de cada neurona y que recibe el nombre de *espacio sináptico*; los vehículos encargados de ayudar a cruzar el puente son los neurotransmisores.

Afortunadamente, cada día se aprende más sobre el cerebro, y hoy podemos confirmar que no es un órgano estático, con capacidad predeterminada, sino que es un órgano con una gran flexibilidad y dinamismo y sus neuronas tienen la potencialidad de crecer, regenerarse, y están en constante cambio.

La evidencia científica recolectada hasta ahora parece indicar que podemos intervenir en la nutrición modificando nuestra dieta alimentaria y generar un alto beneficio y un impacto positivo en la salud neuronal y del cuerpo en general.

Están bien estudiados los efectos psicológicos y neurológicos provocados por deficiencias graves de nutrientes, lo que confirma el papel de una adecuada nutrición en la salud mental de los seres humanos.

En la comunidad científica de diferentes disciplinas interesadas en las neurociencias, existe consenso en afirmar que son varios los nutrientes esenciales necesarios para el adecuado funcionamiento del cerebro y cada uno de ellos cumplen una función diferente para la consecución de una mejora en la salud mental. A continuación veremos los nutrientes más importantes y a través de qué alimentos podemos obtener la ingesta de estos. Parece existir un consenso sobre las bondades de una dieta rica en frutas, verduras, granos integrales y pescados.[41]

Está bien estudiado y documentado cómo la deficiencia de vitamina B12 ejerce una acción negativa en la salud cerebral causando, entre otros, pérdida de la memoria, disfunción mental, baja energía y depresión; también se ha visto la correlación existente entre la deficiencia de folatos (vitamina B) y la fatiga, la confusión mental, la demencia y la irritabilidad, estados que los pacientes frecuentemente refieren como una niebla mental o sentirse embotados.

La vitamina B12 y los folatos podemos encontrarlos en alimentos como las hortalizas de hojas verdes, los frijoles y las frutas cítricas como el limón, la mandarina, el kiwi, la naranja, etc.

---

41 Marrero, A. M. (2016). Nutrición cerebral. Estado del arte. *Revista Acta Médica*, 17(2). https://www.medigraphic.com/pdfs/actamedica/acm-2016/acm162e.pdf

Estos y otros nutrientes en la dieta son necesarios para el mantenimiento normal del tejido neuronal, ya que favorecen la regulación del estado de ánimo.

Hay alimentos como el brócoli y la col que por su alto contenido de antioxidantes (sustancias que se encargan de contrarrestar el efecto negativo que genera en el cuerpo el estrés oxidativo) pueden ayudar a mejorar las funciones cognitivas.

La fosfatidilserina es el principal fosfolípido que se encuentra en el tejido cerebral, y desempeña un papel importante en mantener una adecuada fluidez de las neuronas, favoreciendo la transmisión de impulsos nerviosos y contribuyendo a la mejora de funciones cognitivas como la memoria, porque ayuda a la comunicación entre las neuronas.

Si además de incrementar la fosfatidilserina con la ingesta de suplementos nos enfocamos en disminuir la ingesta de grasas saturadas, podemos disminuir la rigidez de la membrana que recubre las neuronas y se encuentra formada por fosfolípidos, la que a su vez está encargada de permitir la comunicación entre sí. Lo anterior favorecerá la creación y consolidación de la memoria, e incrementará la atención al mejorar la capacidad de aprendizaje, concentración y la fluidez verbal incluso ante situaciones de estrés.

Este nutriente lo podemos obtener de alimentos como la yema de los huevos, el hígado y la lecitina de soya.

El ácido docosahexaenoico (DHA) es el material constituyente de los centros de comunicación sinápticos. No se puede crear más sinapsis, dendritas o receptores si no existe un abundante suministro de aceite omega-3 del tipo DHA.

El DHA puede ser obtenido mediante el consumo de pescados, de preferencia azules y con bajo contenido de mercurio, como el salmón, las sardinas y de diferentes mariscos.

Las vitaminas A, E, C, el zinc y el selenio son antioxidantes y, junto al aceite omega-3, tienen acción antiinflamatoria y protegen contra el deterioro cognitivo.

El selenio es un importante modulador del ánimo; se ha observado que los individuos con consumos muy bajos de este mineral son más propensos a padecer depresión y comportarse de una manera más irritable y hostil, además de ejercer una función preventiva frente a las enfermedades cardiovasculares.

El selenio se puede obtener de ostras, carne roja como el hígado y el riñón, el pollo, el pavo, la carne de cerdo, las nueces, las semillas de calabaza, los champiñones o setas blancas, el pepino, el ajo, los huevos y la avena.

El zinc ayuda a reducir la ansiedad y el estar nervioso todo el tiempo. Este mineral lo podemos obtener al consumir, adicional a todos los alimentos anteriores, algunas legumbres como las alubias blancas y las lentejas, los granos enteros, almendras, nueces, avena, semillas de calabaza, perejil y papas, siendo de mejor absorción el disponible en la fuente animal.

La vitamina A se encuentra disponible en alimentos de colores intensos como las hortalizas de color verde oscuro, entre las que encontramos las espinacas, el brócoli y el alga nori, bien conocida por los amantes del *sushi*; los anaranjados como la zanahoria, la mandarina, la naranja, la calabaza o ahuyama, y la papa dulce o boniato, los rojos como el tomate y el pimentón dulce, y los amarillos como el mango y el maíz tierno.

La vitamina E podemos obtenerla de alimentos como la espinaca, los espárragos, las aceitunas, el aceite de oliva y las semillas de calabaza, almendras y avellanas.

El máximo rendimiento mental se consigue con un suministro uniforme de glucosa, y los hidratos de carbono de absorción lenta obtenidos a través de legumbres, cereales y pastas integrales, porque tardan más tiempo en digerirse y liberan la energía de forma gradual y constante.

Las altas concentraciones de omega-3 favorecen la sensibilidad de neurotransmisores como la serotonina y disminuyen la agregación plaquetaria en el cerebro, por lo que favorecen una mejor circulación, que podría asociarse a un efecto antidepresivo. Este ácido graso esencial lo podemos obtener ingiriendo alimentos como nueces, almendras y pescados azules, como el jurel, sardina, bonito, salmón; es importante recordar que debemos elegir el pescado con menos contenido de mercurio.

La vitamina C se ha relacionado con la disminución de la intensidad de los desórdenes de ánimo. Esta vitamina podemos obtenerla de frutas cítricas como el limón, la naranja, la mandarina, la toronja, el kiwi, la guayaba, las fresas, el pimentón rojo, el chile picante y el perejil.

La serotonina es un neurotransmisor que influye en forma directa sobre los estados depresivos. Si su nivel en sangre es alto, otorga placer y sensación de bienestar. Los hidratos de carbono son los alimentos que más influyen en el ánimo, puesto que actúan en forma directa sobre los niveles de serotonina.

También está el triptófano, aminoácido esencial muy importante dado que sirve de sustrato a la formación de la serotonina, y que podemos encontrar en alimentos como los pescados, el pollo, los frutos secos, en el ajo, la cebolla, tomate, mango, cítricos, semillas de ajonjolí, la avena, los lácteos y los huevos.

Los vegetales, las frutas frescas, los cereales integrales y las legumbres como la soya y todos sus derivados poseen un alto contenido de fibra, nutriente esencial que ha sido usado como coadyuvante en el tratamiento de la depresión y la ansiedad.

La vitamina B6 facilita la transformación de triptófano en serotonina; podemos obtener esta vitamina al consumir plátano, aguacate, arroz integral, legumbres, nueces, espinacas, semillas de girasol y soya.

El magnesio es un mineral conocido por su acción sedante, que reduce la tensión nerviosa, la irritabilidad y mejora la calidad del sueño. Lo encontramos en alimentos como almendras, arroz integral, zanahorias, lentejas, verduras de hojas verdes, tomates, soya, cebada, semillas de sésamo, cítricos, manzana y pescado.

Es conocido el efecto benéfico que puede tener el realizar ayuno intermitente ocasionalmente, debido a que durante este tipo de ayuno aumenta la producción de cetonas, las cuales, según lo sugieren algunas de las evidencias disponibles, son una fuente de combustible *limpiador* para el cerebro.[42]

---

42 Nota: No realizar el ayuno intermitente sin consultar previamente a un profesional médico.

Tener una alimentación saludable no es garantía de que el cerebro no se va a enfermar, pero es importante entender que un cerebro más sano (como cualquier otro órgano) resiste mejor la enfermedad, y será siempre la reserva cognitiva el punto inicial para la adecuada rehabilitación de funciones cognitivas.

Para terminar…

Al finalizar el libro, y como agradecimiento al lector y a tantos pacientes y familiares que me han brindado su confianza y con ella me han permitido acompañarlos a recorrer el camino necesario para recuperar la salud mental, mientras trabajan activamente en el crecimiento personal y el desarrollo de las potencialidades que existen dentro de cada uno, avanzando hacia la construcción de un sentido de su existencia, quisiera incluir muchas frases que me han ayudado en mi día a día, y algunas recomendaciones genéricas estudiadas para mantener nuestro cerebro activo y lo más saludable posible.

Me disculpo de antemano si en algún momento no otorgo el crédito a quien corresponda en cada una de estas frases, pues las he ido escuchando y se han quedado conmigo, sin recordar autores y fechas.

Recomendaciones para mantener tu cerebro activo y lo más saludable posible, aumentando tu reserva cognitiva y reduciendo la posibilidad de desarrollar síntomas frente a una posible enfermedad cerebral.[43]

---

43 Richly, P., Vilaro, S., O'nell, S., Bustin, J. y Martínez, D. (2014). *Comida para un cerebro saludable* (p. 10). Clínica de Memoria INECO e Instituto de Neurociencias de la Fundación Favaloro. FINECO.

(Recuerda que un cerebro más sano resiste mejor la enfermedad, según lo aprendido en el NUN STUDY, con el caso de la hermana Bernadette).

1. Realiza actividades retadoras y novedosas de manera constante, como por ejemplo: haz cosas con la mano no dominante, empieza a bañarte de pies a cabeza, abotónate la camisa de abajo hacia arriba, cambia la ropa que usas frecuentemente, etc.

2. Aprende cosas nuevas con frecuencia, nunca dejes de leer, aprender e incentivar tu curiosidad.

3. Varía tu rutina diaria, coge vías alternas para desplazarte hacia tu trabajo o hacia tu casa, disminuye el uso de aplicaciones de gps tipo WAZE.

4. Realiza actividades como crucigramas, sudokus, rompecabezas, sopas de letras, encuentra las diferencias, entre otras que te permitirán trabajar la atención selectiva y sostenida, la percepción visual y la memoria.

5. Realiza actividad física de manera regular, ayudará con la neurogénesis a través de la generación de BDNF (factor neurotrópico del cerebro), y aumentará el flujo de oxígeno

que llega al cerebro disminuyendo sustancias neurotóxicas.

6. Utiliza técnicas para el manejo y reducción del estrés, ayudará a reducir los niveles de cortisol, adrenalina y noradrenalina, y con ellos se reducirá la inflamación.

7. A través de la alimentación adquiere y mantén hábitos enfocados en reducir los niveles de colesterol y glicemia en el cuerpo.

8. En lo posible busca tener una higiene de sueño que permita una adecuada cantidad y calidad de este. Y cuando hablamos de higiene de sueño nos referimos a:

a) Restringir el uso de pantallas al menos 2 horas antes de dormir y, en lo posible, reducirlo a cero. La hormona del crecimiento se libera principalmente durante el sueño profundo, el cual suele comenzar aproximadamente 60 a 90 minutos después de conciliar el sueño, favoreciendo la regeneración celular y el crecimiento.

b) Comer algo liviano en la noche, que garantice que tu estómago está satisfecho, pero que los procesos de digestión no interferirán con tu sueño.

c) Buscar ropa cómoda y apta para el descanso.

d) Verificar que el ambiente tenga una temperatura confortable.

Píldoras de sabiduría
y motivación

"En todos los seres humanos hay semillas buenas y semillas malas, que no se ven hasta que se les antoja despertar y es cuestión de disciplina el obligarnos a arrancar los brotes malos desde que se les descubre".

El Principito

"Es necesario exigir de cada quien aquello que cada quien puede dar".

El Principito

"Si logras juzgarte con ecuanimidad a ti mismo, serás realmente sabio. Trátate con compasión y sin juicios".

El Principito

"La gran mayoría de personas que no consiguen sus objetivos es porque no son realmente conscientes de lo que quieren".

Postulado de la PNL

"Corre tan rápido que tus excusas
no te puedan alcanzar".

Postulado de la PNL

"Eres el arquitecto de tu vida,
posees un potencial infinito para construir
tu realidad como la desees".

Postulado de la PNL

"El primer paso es asumir la responsabilidad
por tus actos y omisiones".

Postulado de la PNL

"El conocimiento es poder, solo si se usa,
no sirve de nada acumularlo sin aplicarlo
al pasar a la acción".

Miguel Ángel Buonarroti

"Cada bloque de piedra tiene en su interior
una estatua y es la tarea del escultor
descubrirla a ir eliminando del bloque de
piedra todo aquello que le sobra".

Miguel Ángel Buonarroti

**"La vida es el regalo que Dios nos hace.
La forma en que vivas tu vida,
es el regalo que tú le haces a Dios".**

Miguel Ángel Buonarroti

**"La fe en uno mismo es el mejor camino
y el más seguro".**

Miguel Ángel Buonarroti

**"Piensa como ganadora y
triunfa como ganadora".**

De la película *El rey Richard,* basada en la historiade
la vida de las tenistas Williams

Todos estamos dotados de mucho más potencial
del que logramos reconocer en nosotros mismos.

Solo tenemos este instante, y recuerda que tal vez
estos sean los buenos tiempos que añorarás en el futuro, por lo que debes dedicarte a crearlos.

**"Todos estamos intentando descubrir
lo mismo, tienes que descubrir tu
propio camino, y solo lograrás hacerlo
ecorriendo el camino".**

Postulado de la PNL

Cometer errores significa que estás intentándolo, y recuerda que, como dijo Alejandro Magno, **"no hay nada imposible para aquel que lo intenta"**.

El éxito está reservado a todo aquel que esté dispuesto a sacrificarse, a ser constante y a perseverar sin darse por vencido por muy grande que sea el obstáculo al que se enfrenta.

"Nuestra vida es lo que nuestros pensamientos sean".

Marco Aurelio, emperador romano
que gobernó durante la pax romana

Creas lo que crees con tus acciones: es ahí donde tenemos el potencial infinito de crear la vida que soñamos.

No compares tu vida y tu camino con el de nadie: un cerezo no se compara con otros árboles, tan solo florece.

Un sueño sin acción es una simple ilusión; un sueño acompañado de las acciones, con los errores y los aciertos, siempre se convierte en realidad; no importa el tiempo que se tarde, **no desistas, siempre persevera y cree en ti.**

Para ejemplificar esta frase quiero recurrir a otro cuento que leí en el libro de Alex Rovira y Francesc

Miralles, que contiene un repertorio bien seleccionado de las múltiples historias utilizadas en la tradición zen budista.

Historia del bambú japonés[44]

Érase una vez dos agricultores que, caminando por el mercado, vieron algunas semillas que no conocían. Luego se le preguntó al vendedor qué semillas eran y él solo respondió que venían del Este y que eran muy especiales.

El vendedor no reveló qué semillas eran, los dos agricultores se quedaron sin esa respuesta. Mientras tanto, el comerciante les dijo que, si las compraban y las plantaban, dándoles solo agua y fertilizantes, lo descubrirían por sí mismos.

Los dos agricultores compraron las semillas y las sembraron, siguiendo la sugerencia del vendedor.

Pasó un tiempo y no ocurrió nada mientras otras plantas ya estaban floreciendo y dando frutos.

Uno de los agricultores se quejó de que las semillas eran una estafa y desde ese momento dejó de sembrar esas semillas y descuidó su siembra.

---

44 Rovira, A. y Miralles, F. (2018). *Cuentos para quererte mejor. 35 historias para cultivar el jardín de la autoestima (pp. 70-73). Editorial Planeta.*

El otro granjero se mantuvo firme e insistió en cuidar las semillas y fertilizarlas, aunque sin brotar.

Así fue por un tiempo, hasta el punto de que incluso el agricultor más tenaz y persistente comenzó a desanimarse y querer renunciar a las semillas. Pero un buen día, finalmente vio aparecer un bambú.

A partir de entonces, en seis semanas, las plantas alcanzaron una altura de 30 metros, y esto se debió a que, durante el período de inactividad, el bambú estaba generando, internamente en el suelo, un sistema de raíces fuertes, consolidadas, unidas y articuladas, gracias a lo cual esta planta se vuelve fuerte y resistente, teniendo una existencia productiva, útil, duradera y larga.

El bambú japonés parece no crecer durante seis años, pero en el séptimo año crece hasta 30 metros en cuestión de unas pocas semanas.

Los cambios internos, aunque no se vean, se van produciendo poco a poco, como el bambú, cuyas raíces crecen un poco cada día, hasta que son lo suficientemente sólidas para permitir que esos cambios se noten en el exterior.

Te preguntarás, entonces, ¿tarda solo seis semanas en crecer el bambú japonés?

¡No!, en realidad se toma siete años para crecer; aunque aparentemente no esté sucediendo nada y los cambios no sean visibles en el exterior, se están produciendo grandes transformaciones poco a poco, hasta que finalmente y en seis semanas comienza a ser visible en el exterior y a dar fruto.

Durante los primeros siete años, cuando aparentemente no sucede nada, el bambú genera un complejo sistema de raíces por las que se nutre y que le permiten sostener el crecimiento que vendrá después.

En nuestro día a día nos encontramos con muchas personas que tratan de encontrar soluciones rápidas, que lleven a resultados rápidos sin ningún esfuerzo, y al no ver los resultados que esperaban inmediatamente, se desesperan e incluso quieren darse por vencidos, sin lograr entender que el éxito es simplemente el resultado del crecimiento interno, la disciplina, la paciencia, la constancia y la perseverancia. Aunque aparentemente no haya resultados, habrás avanzado por haber entendido que la consecución de tus objetivos requiere de tiempo para generar las bases sólidas.

El éxito está reservado a aquellos que insisten, persisten y jamás desisten en su deseo por ver que las cosas sucedan, pasando por medio de acciones a un plano físico, y concretan aquello que comenzó como una simple idea en su mente.

En los momentos más difíciles, en los que estamos experimentando el cansancio y nos sentimos desalentados, cuando sentimos que nuestros esfuerzos no valen la pena y estamos a punto de renunciar y darnos por vencidos, por los altos niveles de frustración y desesperanza que estamos sintiendo, recordemos la historia del bambú y las lecciones que nos trata de enseñar este cuento zen al mostrarnos la importancia de aprender a esperar con calma, a practicar la perseverancia, a entender la importancia de resistir y tener fe en nuestros sueños para insistir en tomar acción y hacerlos realidad.

¿Qué otras enseñanzas podemos incorporar en nuestra vida que nos ayuden a implementar cambios, al reflexionar acerca del bambú japonés?

1. La importancia de cultivar la firmeza conservando la habilidad de mantenernos flexibles para adaptarnos al cambio. El bambú nos enseña a establecer raíces para no sentirnos perdidos, y que, aunque el proceso requiere un esfuerzo que aparentemente no sirve para nada, es esencial dedicarnos a construir unas bases sólidas para mantenernos centrados en nuestros objetivos y, al mismo tiempo, flexibles para afrontar y resistir las dificultades que se nos presentan en la vida. De lo contrario, no podremos resistir y terminaremos por quebrarnos.

2. Este cuento nos deja como moraleja la importancia de cultivar la humildad y la capacidad de adaptarnos al entorno y los cambios inesperados que puedan ocurrir; el bambú se doblega frente a los fuertes vientos y tormentas, no los resiste y fluye con ellos sin romperse (sabe que no depende de él que eso sea diferente), porque sus raíces son fuertes en el origen, gracias a lo cual puede confiar en una base sólida para adaptarse a los cambios que se originan con la tormenta.

   Es exactamente eso lo que debemos aprender a hacer en las tormentas que experimentamos en nuestra vida, ya que es posible encontrar un poco de paz y obtener grandes aprendizajes en los momentos difíciles.

3. El bambú internamente está hueco y vacío, puede balancearse con ligereza sin romperse frente a las tormentas, su sustento lo encuentra en el interior de sus raíces. Lo importante y lo que te sostiene en la vida es la solidez de tus raíces; no busques llenar tu vida con cosas y pesos innecesarios; concéntrate en aprender a mirar hacia tu interior y enfócate en encontrar la manera de nutrir tus raíces para fortalecerte.

4. El bambú siempre busca crecer hacia arriba. Aprende a mantener tu mirada al frente, con la cabeza en alto. Deja que tus pensamientos crezcan hacia arriba y siéntete orgulloso del camino recorrido hasta ahora para fortalecer tus raíces y convertirte en lo que eres cada día.

5. El bambú no tiene enormes troncos ni grandes ramas, es diferente a muchos otros árboles. Realmente necesitamos muy poco para ser felices, y, como decía el Principito, "lo esencial es invisible a los ojos".

    De ahí la importancia de volver a lo aparentemente simple y poner el foco de atención sobre nosotros mismos, procurando nuestro crecimiento en todo momento, aunque aún no logremos verlo en la superficie.

6. No te frustres y abandones tus sueños y objetivos por no ver los resultados deseados a corto plazo. Recuerda que súbitamente en tan solo seis semanas el bambú puede ver los resultados de siete años de esfuerzos aparentemente inútiles.

Tatúate en tu mente y en tu corazón que el triunfo no es más que un proceso que lleva tiempo y dedicación.

El triunfo es un proceso que exige aprender nuevos hábitos y nos obliga a cambiar y hasta a descartar muchos otros hábitos. Un proceso que va a exigir constantemente de ti que estés dispuesto a dar tu mejor esfuerzo en cada momento, que estés dispuesto a ser flexible y realizar cambios, a emprender acciones, algunas nuevas y diferentes, a ser paciente y a desarrollar nuevas destrezas, ¡pero sobre todo a no **desistir jamás!**

Quiero dejarte algunos videos que creo podrían potenciar a cualquier ser humano:

Cambios físicos, mentales y anímicos claves para transformar el estrés
Mario Alonso Puig

Sincronía cardiaca
Mario Alonso Puig

El cerebro, nuestro mejor
aliado contra el estrés
Marian Rojas Estapé

Cómo cuidar nuestra mente
Marian Rojas Estapé

¿Por qué es tan importante
saber escuchar?
Victor Küppers

REFERENCIAS

Álvarez, L. (2017). *Cómo hacer posible lo imposible*. Martínez Roca, Editorial Planeta.

Bascomb, N. (2017). *La milla perfecta*. Editorial Melusina.

Bucay, J. (2020). *Déjame que te cuente*. Los cuentos que me enseñaron a vivir. Debolsillo.

Castellanos, N. (2022). *El espejo del cerebro*. Editorial La Huerta Grande.

Cruz, C. (2019). *La vaca*. Taller del Éxito.

Dweck, C. (2021). *Mindset: la actitud del éxito*. Editorial Sirio.

Emerick, J. J. (1998). PNL. *Sé la persona que quieres ser*. Ediciones Urano.

Gallwey, T. W. (2014). *El juego interior del tenis*. Editorial Sirio.

Goleman, D. (2021). *La inteligencia emocional*. Penguin Random House.

González Martínez, M. T. (1999). Algo sobre la autoestima. Qué es y cómo se expresa. *Aula, 11*, 217-232. Universidad de Salamanca, Facultad de Educación.

Gutiérrez, D., Scheele, S. (2016), *Consigue tu Imposible. Los 6 Pilares del Alto Rendimiento Deportivo*. FutbolDLibro, S.L.

Ises. (s. f.). *El mindfulness y sus ventajas para la salud.*

Jackson, P. y Delehanty, H. (2020). *Canastas sagradas*. Editorial Paidotribo.

Lipton, B. (2021). *La biología de las creencias*. La Esfera de los Libros.

Marrero, A. M. (2016). Nutrición cerebral. Estado del arte. *Revista Acta Médica*, 17(2). https://www.medigraphic.com/pdfs/actamedica/acm-2016/acm162e.pdf

Martín Monzón, I. (2021). El ejercicio físico puede ayudarnos a crear nuevas neuronas y a mejorar la memoria. *The Conversation.*

Mesurado, B. (2017). Psicología positiva. *Diccionario Interdisciplinar Austral.* Editado por Claudia E. Vanney, Ignacio Silva y Juan F. Franck. Recuperado de: http://dia.austral.edu.ar/Psicolog%C3%ADa_positiva

Palao Pons, P. y Kurdi, O. (2019). *Viejo, cuento Sufi sobre la aceptación de nuestra realidad.* Contarcuentos. https://www.contarcuentos.com/2019/06/viejo-cuento-sufi-aceptacion/

Revista de la Academia Mexicana de Ciencias CIENCIA. (2022). *Epigenética*, 73(4). https://www.revistaciencia.amc.edu.mx/images/revista/73_4/PDF/Ciencia73—4.pdf

Richly, P., Vilaro, S., O'nell, S., Bustin, J. y Martínez, D. (2014). *Comida para un cerebro saludable.* Clínica de Memoria INECO e Instituto de Neurociencias de la Fundación Favaloro. FINECO.

Rocioripoll. (s. f.). *Salud integrativa.* https://www.rocioripoll.com/

Rojas Estapé, M. (2022). *Cómo hacer que te pasen cosas buenas.* Editorial Espasa.

Rovira, A. y Miralles, F. (2018). *Cuentos para quererte mejor. 35 historias para cultivar el jardín de la autoestima.* Editorial Planeta.

Rovira, A. y Miralles, F. (2020). *Cuentos para niños y niñas felices.* Editorial Planeta.

Sari Arponen, S. (2021). *¡Es la microbiota, idiota!* Centro de Libros PAPF, SLU, Alienta, Editorial Planeta.

Seligman, S. (2011). *Flourish: a visionary new understanding of happiness and well-being.* New York: FreePress.

Sierra Echeverri, N. (2005). *Reflexiones 7.* Oficina de Comunicaciones, Sena, Regional Antioquia.

Tolani, P. y Dahl, W. (2018). *La dieta y la salud del cerebro.* IFAS Extensión, Universidad de Florida. https://edis.ifas.ufl.edu/pdf/FS/FS307/FS307—D95k9pain5.pdf

Upegui Vargas, C. (2022). *Vida de monos.* https://serenityworkshop.com.co/libros (parte inferior)